Crônicas de um imortal

OUTRAS OBRAS DO AUTOR

Os viventes
A vida secreta dos gabirus
Os invisíveis: tragédias brasileiras

Carlos Nejar

Crônicas de um imortal, ou (in)vento para não chorar

1ª edição

Rio de Janeiro | 2022

CIP-BRASIL. CATALOGAÇÃO NA PUBLICAÇÃO
SINDICATO NACIONAL DOS EDITORES DE LIVROS, RJ

N339c Nejar, Carlos
Crônicas de um imortal : ou (in)vento para não chorar / Carlos Nejar. –
1. ed. – Rio de Janeiro : Bertrand Brasil, 2022.

ISBN 978-65-5838-141-9

1. Crônicas brasileiras. I. Título.

22-79579   CDD: 869.8
                                       CDU: 82-94(81)

Meri Gleice Rodrigues de Souza – Bibliotecária – CRB-7/6439

Copyright © Carlos Nejar, 2021

Texto revisado segundo o novo Acordo Ortográfico da Língua Portuguesa.

Todos os direitos reservados.
Não é permitida a reprodução total ou parcial desta obra, por quaisquer meios,
sem a prévia autorização por escrito da Editora.

Direitos exclusivos de publicação em língua portuguesa somente para o Brasil
adquiridos pela:
EDITORA BERTRAND BRASIL LTDA.
Rua Argentina, 171 — 3º andar — São Cristóvão
20921-380 — Rio de Janeiro — RJ
Tel.: (21) 2585-2000

Seja um leitor preferencial. Cadastre-se no site www.record.com.br
e receba informações sobre nossos lançamentos e nossas promoções.

Atendimento e venda direta ao leitor:
sac@record.com.br

A imortalidade não tem onde cair viva (...)
Invento para não chorar.

LIVRO DE VIDÊNCIAS, LONGINUS

Le poète ne rêve pas. Il compte.
(O poeta não sonha. Conta.)

JEAN COCTEAU

Mon désir de beauté était trop au-dessus de mes forces.
(Meu desejo de beleza era maior do que minhas forças.)

PIERRE REVERDY

Quem na crítica não for vidente, não passa
de alguém com um ofício.
Com direito ao trabalho mas sem direito ao juízo.

O POETA E O TEMPO, MARINA TSVETÁIEVA

A instrução termina onde termina o caminho e a
caminhada.

PLOTINO

Gutta cavat lapidem, non vi sed saepe cadendo.
(A gota escava a pedra, não pela força,
mas pela queda incessante.)

PROVÉRBIO LATINO

As sílabas ocultas com que lutei para ocultar a identidade.

ODYSSÉAS ELÝTIS

À Elza.

Sumário

Vocação de cronista	17
Haver memória	18
Floresta encantada	20
A fala das imagens	21
Buscar a imaginação	22
Discussão com o tempo	23
O cachorro e a história	24
O direito ao esquecimento	25
Solidão cumprida	26
O sonho é imortal	28
Pedras e pássaros	29
A questão das asas	30
Sobre a esperança	31
Paraísos perdidos	32
O autógrafo	33
A felicidade humana	34
Os comedores de batatas	35
Coisa perigosa	37
A renovação estética	39
A infância da imaginação	40
Retrato do artista enquanto velho	42
Contar histórias	44
Voltamos sempre	46
A queima de livros	47
A interpretação do céu	49

Do inseparável amor	51
As balbuciantes estrelas	53
Sobre os gêneros literários	55
A roda dos contemporâneos	57
Arco Balena	59
O pátio sonoro da língua	61
A invencível fogueira	63
Miguel de Cervantes Saavedra	65
A cidade	68
A história e o reino	70
A fala da sombra	72
As muletas da civilização	74
Joyce, o mais orgulhoso do século	76
A alma não tem divisas	78
A sensatez e a loucura	80
Fellini, cineasta barroco	82
A invasão do barro	84
Arte do cálice, ou como morar em casa	86
O cansaço humano	88
A felicidade do bem-te-vi	89
Abismos	91
Um boi na praia	93
O porão do possível	95
O vazio e o silêncio	96
Entre o poema épico e a ficção	97
Moitas	99
O burro do futuro	101
Memória dos trens	103
O preço da grandeza	105
Pátria do caminho	107
A catarata	109
Os personagens	111

Escrever para eternidade	113
Cegos de razão	115
A sapientíssima burrice	117
Goethe e as pedras	119
Ter ou não ter	121
O cão e o escritor	123
O rascunho do espírito	124
Filho e pai da morte	126
O peso do peso	128
A propósito de ar	130
Viagens de Gulliver	132
Envelhecer de espera	134
A dimensão da velhice	136
O que se mata ou se faz nascer	138
O fim da filosofia	140
Sobre a utopia	142
Perseguição à poesia	144
Se a alma não é pequena	146
De aprender	148
Teologia dos pássaros	150
Somos mais importantes	152
Tudo se compensa	154
Côvados à altura	156
Alma da razão	158
A palavra não dita	159
Espécie humana	161
Existirá o amor	163
O criador de passarinhos	165
Desde o filosofante cão	166
O potencial de coices	168
A arte de compreender	170
Não ter nada	172

História humana	174
Cão chamado infância	176
Emily Dickinson	178
A condição dos bichos	180
A biblioteca do vento	182
Ausência dos poetas	184
O raio deprimido	186
Entre a filosofia e a poesia	188
A aventura da escrita	189
A rotação do mundo	191
Estado de poesia	193
A luta pela água	195
A extinção do livro	197
A contemplação do mar	199
O gênio e a infância	201
Uma rua de Gravataí	203
A poesia e as crises	205
A infância como uma árvore	207
Indigência cultural	209
Sobre a polêmica imortalidade	211
O social e a literatura	213
Kafka, o prisioneiro de si mesmo e do porvir	215
Do delírio na lei da gravidade	217
A história universal da noite	219
O poeta da "Rosa do povo"	221
A teologia e as botas curtas	223
Basta que nos entenda	225
As glórias e inglórias	227
A arte da futurologia	228
O real e a asma	230
A tal de comoção	232
A dificuldade de ser	234

Precisa-se morrer?	236
Ciência das feridas	238
A pedra que cai	240
A importância de um porão	242
Os poetas e os pássaros	244
A casa e o dono	246
Fragmentos e preconceitos	248
O que não entendo	250
Suprema alegria	252
A beleza, ou a luz que passa	253
A difícil piedade	254
Somos de palavra	256
Arqueologia	257
A idade da pedra lascada	258
Analfabetismo	260
O percurso do paraíso	261
A floresta do sonho	262
Dados sem genealogia	263

CRÔNICAS DE UM IMORTAL
OU (IN)VENTO PARA NÃO CHORAR

Vocação de cronista

Observa Olavo Bilac que "os cronistas são bufarinheiros", que levam dentro de suas caixas alfinetes, fazendas, botões, bulas, tesouras, sapatos, agulhas, elixires, "remédios para os calos", sonhos próprios e de outros, dedais de vento ou ventania, infâncias ou funções autárquicas.

Segue "a máquina do mundo" e o cronista tenta apanhar seu misterioso mecanismo, seu andar meticuloso, sua áspera vertigem no balanço das horas.

E há um ponto em que certas qualidades humanas são desdenhosos defeitos, porque o ser que vive neste planeta só tem olhos, em regra, para o que lhe interessa, ou cobiça, ou possibilita uma cumplicidade de seguras vantagens.

De que adianta escrever, salvo para um momento de lazer da inteligência, ou de um desvario quixotesco na imitação do Cavaleiro da Mancha, ou as descobertas dos nadas da informe glória, ou o cansaço da tão longa imortalidade, com os ossos da solidão e penúria da estirpe, ou o vagar pela genealogia dos sonhos, essa, tão cheia de velhos espelhos e baús fechados?

Certa vez anotei que riscava a memória, como um fósforo. Mas o fósforo é frio; a memória, gaveta aberta e exposta à intempérie e às estações.

Mas continuo escrevendo crônicas, como se respirasse à beira de uma janela, de onde vejo o esplendor da natureza e as árvores com pássaros cantando. Quando contemplo, então sou feliz, as palavras são felizes comigo e tudo se recorda na invenção.

Haver memória

Escrevo porque o instante existe e é preciso segurá-lo. Ou fazer que possamos permanecer nele, como o rochedo em que bate a onda. E se escreve por se querer durar, já que tudo flui e se esgota no tempo e o próprio mar continua, infatigável, a rolar. Escrevo por haver memória do que se vive ou para que se estenda pelos dias como um tapete. E se não houvesse memória, o que seria da escrita? E se não houvesse sonhos, o que seria da realidade? Continuamos, porque algo em nós continua, apesar dos percalços e das tribulações.

Falamos com imagens. E mesmo que elas se cansem ou esmaeçam, as palavras persistem. O mito está dentro da fábula e a imaginação se derrama no mito. E não estamos mais sozinhos, por haver o universo ao redor, como a gravitação dos átomos e das sílabas.

Escrevo porque acredito nas palavras e, na medida de nosso amor, as palavras também tomam fé e nos amam. Configurando nosso cerne e espaço de estarmos vivos. E começa a brotar a espera de alguma seivosa esperança. Crescemos com a semente e nos elevamos com as árvores.

O que continua em nós, leitores, tem insônia de eternidade. E essa eternidade precisa, humilde, coabitar com o tempo, que é amor de transformar as coisas.

E quantas vezes, ao contemplar o mundo, vamos mudando de rosto ou mudando de abismo. Então carecemos de capturá-lo, antes que se evapore, como um rio que não possui margens. Ou um rio dentro de outro, que carrega o horizonte. E escrever é criar horizontes, criar linhas à beira do futuro, criar o sopro que se ergue nas páginas ou se fortalece com o sol e a seiva, ou as plantas do terrestre convívio. Inventamos para nos descobrir, inventamos para que o desconhecido nos reconheça. Lavamos a lágrima com a luz, lavamos a luz com a dor. E, humano, escrevo para que a morte me ignore. Não mudo de tanto que vou mudando. E diante da desventura, tribulação ou do limite do amor, invento para não chorar.

Floresta encantada

O poema é uma floresta encantada. Tem ritmo, música e todas as flores, árvores sonolentas ou acordadas, folhas de raiz e unidade. Cipós e sonhos, metáforas e símbolos ou arbustos sonoros de orvalho, cristais de fábulas nadando como peixes no lago.

O poema é uma floresta de sentidos, que se abrem como clareiras ao sol. E é como volto à infância, ao menino que inventava esconderijos nalguma árvore, ou aprendeu que as árvores falam ou veem.

E me vem a memória de quando na escola fui sendo alfabetizado; também as árvores se alfabetizavam naquelas letras sequiosas. Ao ler, comecei a verificar que o mundo era palavra, que havia também um mundo dentro delas e era preciso desvendar o mistério, a floresta encantada de uma imaginação que não dorme e se ergue com o vento. E é como fiz, desde então, camaradagem com o vento que sabe ouvir e carregar sementes, que emigram para uma terra nova.

Recordo a figura de meu pai Sady, negociante e que me trazia livros, enciclopédias, coleções de Shakespeare, Machado, José de Alencar, *Tesouro da juventude*, *Mundo pitoresco*. E isso se mesclava à imaginação do universo que surgia e se enredava nos silvestres troncos de versos ou rimas ou signos. É como anotou Jorge de Lima, poeta injustamente esquecido:

"O céu jamais me dê a tentação funesta
de adormecer ao léu, na lomba da floresta."

E adiante Jorge diz que o sono nos espia. Sim, o sono das árvores. Que a floresta do poema é insondável, não para de acordar.

A fala das imagens

O grande escritor francês Paul Valéry diz que o poeta "é uma natureza que pensa por imagens". Mas se enganou: as imagens é que pensam o poeta.

Há um mistério na criação, que escapa ao pensamento e vai na onda poderosa da imaginação.

Por isso não é o poeta que determina a sua voz, é a voz que determina o poeta.

E essa voz se mistura ao rio sonoro do ritmo, como a água colhida da fonte no cântaro. O que corre é do espírito.

O verso vem, como se o vento o soprasse, e depois se alarga no cardume de peixes do sonho. Ou o sonho se derrama na fala, como se empurrasse a língua do vento.

E as imagens pensam o poeta, pelo simples fato de não precisar raciociná-las.

A criação pode ser objeto da razão. E bem mais, pode ser objeto da distante aldeia da infância, ou da infância do mundo, sem repararmos. Porque insiste em renascer em nós.

Por isso, cada dia mais, vem-me a certeza de que o poeta não cria, é criado; não sonha, é sonhado; não imagina, é imaginado.

E se não houvesse algo maior na criação, sua existência marcaria só o limite transitório do homem. Mas o desenho do invisível, pela fé no que se inventa, é mais forte que o desenho do visível ou tangível. E mais copioso.

É por isso que Arthur Rimbaud exclamava: "A verdadeira vida está ausente (...) e então me será lícito possuir a verdade numa alma e num corpo." Mas não enterramos o devaneio, nem a lembrança. Tudo sobe à tona das marés e toca as estrelas.

Buscar a imaginação

Criar é buscar a imaginação, até que a encontremos. Nos arcanos do ser, na caverna das origens, onde o caos na luz se fertiliza.

Quando queremos imaginar, somos imaginados. Na imaginação da espécie, a imaginação das palavras. E elas nos levam à designação do mundo; o que não existia passa a existir. Como se houvesse a mágica da vida na arte. E a arte da vida na mágica.

O que sobrevive em nós é o que vai sendo superado na alegria e na dor, nas experiências. Com a lei de Lavoisier: *nada se perde e tudo se transforma.*

A arte da metamorfose é a arte do abismo. Porque não isolamos o tempo, o tempo é que nos isola. Com as imagens que se formam, como o livro de gravuras da infância e as imagens que se compõem de infâncias.

Nada se perde, tudo muda de sonho. A matéria é o que existe, tornando palpável o que não existia antes.

Depois se percebe que a imaginação não é inteligência, é a sensível unidade do universo, que se preserva na medida em que a entendemos, ou deixamos que ela nos entenda.

E se criar é buscar a imaginação, também é permitir que a força da fé a engendre nos meandros da consciência. Entre camadas de invenção, pois para viver é preciso inventar, e se inventa vivendo. Levantando o peso da noite, com novas e cintilantes estrelas.

Se a natureza não dá saltos, a alma, ao contrário, necessita saltar, por existir entre as coisas. E, leitores, o primeiro grau da imaginação é a descoberta.

Discussão com o tempo

Jorge Luis Borges, o genial argentino, conta ser uma tradição a transmissão oral, recolhida em Genebra, durante os últimos anos da Primeira Guerra Mundial, da palavra de Miguel Servet aos juízes que o condenaram à fogueira: "Arderei mas isso não passa de um fato. Logo continuaremos a discutir na eternidade."

E me lembrei do que sofrem os inovadores, que não chegam a ser condenados na fogueira, ou os inventores, ou desbravadores, que, ao virem antes, atraem sobre si o silêncio, ou a inveja, ou a hostilidade de grupos, ou a moita da constante conspiração.

A resposta é a mesma: continuaremos a discutir na eternidade. E às vezes há um pequeno tempo para o reconhecimento. Pois virá, como as ondas empurram o mar, e os que tentam impedir preparam ainda maior glória. Porque esses que inovam na vida ou na arte não se calarão, continuarão discutindo no que plantaram ou desvendaram. Sendo mais importante criar, do que ser reconhecido.

Outro dia, assistindo uma reportagem sobre o grande cineasta francês René Clair, também escritor, ouvi a frase que é marcante: "Todos os inovadores são maltratados."

Miguel Servet morreu na fogueira, mas o fogo não apagou seu pensamento.

Vivemos de sinais e o futuro respira com os sonhos humanos. Eles alcançarão o que talvez os precursores ou inovadores não alcançam. E os pés dos sonhos se tornarão, lentamente, os pés da aurora.

O cachorro e a história

Alguns mencionam a história que o homem faz ou sofre. Ou a história é o pesar do tempo nos acontecidos, ou a maneira como eles se desfazem nos dias. E o terrível hoje pode ser o aprazível amanhã. Ou vice-versa. Quando no extremo do espírito mora o corpo e no extremo do corpo mora o espírito. E vi meu metafísico cão Desidério, o devorador de livros, puxar pelo focinho meu sapato, encalhado como barco no cais. E foi puxando pela casa; eu atrás. Ele estava delirante, obsessivo, com o olhar de certos políticos quando exaltam as próprias e exímias qualidades cívicas num comício. Estranhei, pois o meu cão às vezes parece sábio, pensativo nos cantos, entre ossos, e mesmo os ossos ficam pensativos com ele.

E me veio a imagem que a história é um cachorro com um sapato na boca, sem querer soltá-lo. A forma como prendia o sapato tinha a avidez de um matemático digerindo o teorema de Pitágoras.

Se a história gane como um cachorro e não percebemos, a história é a velocidade com que Desidério foge com o sapato quase roto, entre os dentes, obrigando-me a correr atrás dele, a correr atrás da história. Talvez presa na mandíbula canina, como o sapato, não queira mais andar, ou aceite o jugo até que eu retire o sapato e a liberte. Mas, leitores, não desejamos todos que a história deixe de caminhar tão depressa; que, ao estancá-la, o tempo cesse e a vida coletiva se prolongue?

Depois meditei, achando que todos devemos um agradecimento, ainda que breve, ao cão Desidério, por segurar nos dentes, entre tão esquivos momentos, este furtivo sapato da história.

O direito ao esquecimento

Ministros do Supremo Tribunal Federal possuem, sob julgamento, um recurso que defende o direito ao esquecimento. E esse direito, aliás, foi dado na Espanha, a pedido de Mário González, conseguindo que determinadas informações a seu respeito não fossem mais acessadas no Google.

O esquecimento talvez exista no homem para que o liberte de culpas, ou erros, e lhe possibilite sobreviver consigo mesmo. Nesse sentido, pode ser da sabedoria da natureza — ainda que a memória se alce viva, nos idosos, sobretudo em fatos da infância, e menos, contudo, em anos mais próximos, ou palpáveis.

A humanidade, em regra, custa a esquecer falhas de outras criaturas de mesma argila, quando esquece, na história, suas próprias.

Certas instituições são peremptórias, até hoje, com pessoas que se renovam na vida e no amor. Passando a ser tais seres como de classe inferior por toda a eternidade. Assim, no rigor, na altíssima virtude, muitas vezes, medíocres substituem os mais bem-dotados, com o fatal argumento do preconceito. Dificultam a vida desses na comunidade, tiram-lhes o tempo, arrojam-nos em porão de desalento, mui cristãmente, tudo por piedade cristã, como se fossem de raça espiritual superior e não estivessem sujeitos a defeitos, ou fossem serenamente perfeitos. E lhes atiram a primeira pedra. Atiram ainda outras, crédulos da própria pureza, arredam-nos de funções onde seriam úteis. Mas não, talvez esses tais não sejam filhos do primeiro Adão ou remidos pelo Último Adão, Cristo. Sim, "os homens são uns brutos", escreveu Cecília Meireles num poema dedicado a Gandhi. E cegos no juízo. Os crimes prescrevem, quando prescreverá o preconceito?

Solidão cumprida

"A solidão faz a pessoa séria", observou o grande Machado de Assis. Adiante, ele assegura que "a solidão é a oficina das ideias". E o que vemos, em regra, é outra oficina, a dos que o poder prende ou que se prendem no poder, com o uso roído ou calejado do tempo.

Mas a sabedoria humana, muitas vezes, não se cristaliza, fica boiando nas águas, ou se afoga. Ou põe a cabeça para fora na distração incivilizada dos costumes. Pois o uso do cachimbo entorta a boca, e a fome da boca mata no anzol o peixe. E a palavra não morre pela boca, quando soprada no espírito.

Não calamos, nem consentimos. Porque o espetáculo humano se sucede, a solidão sob a máscara, ou em casa, se exaure, ainda que nos concilie na esperança soberana de sobreviver.

Há muito rumor no mundo e nas estações, rumor de aviso ou medo, onde as vozes dos humildes se extraviam e a política repete eternamente o mesmo ritual.

Sim, a solidão faz a pessoa séria. Ou demasiadamente resistente na casca do tronco da alma. Mas torna o sorriso tardo, enrugado. E o riso interior combalido, salvo quando a luz da luz da palavra em nós crepita. Somos pequenas palavras debaixo da grande e imutável Palavra. A sombra frequentemente não vê o luar na sacada, e a lua continua existindo. O fato de não vermos, entocados na solidão, ou nesta oficina de transeuntes ideias, não significa que as coisas não estejam presentes. Só Deus ilumina o instante e nós somos instantes que gotejam com a chuva, ou sussurram com o vento.

A solidão nos cumpre, até o fim do fôlego. E não se omite. Como certa política, que não possui gravidade no invento ou na solidão. E "se é ciência prática a política", como disse o Mestre do Cosme Velho, "desconfio de teorias que são só teorias".

O sonho é imortal

Percebi que descanso, não durmo. O sonho é que dorme. E dorme tanto em nós, que chegamos a sonhar, como se estivéssemos acordados.

Ou se acorda só de um lado da consciência, o outro continua dormindo.

Li uma frase de Clarice Lispector, querida amiga, que comemorou cem anos de nascimento: "O que verdadeiramente somos é aquilo que o impossível cria em nós." E poderíamos completar: o que somos, é o que fazemos do impossível.

Porque ele dorme como possível e desperta como impossível. Tudo depende do que crê.

E me dei conta de que a luz é fértil, não o caos. A luz transborda; o caos imerge, volta-se para dentro, como um ventre, quando o brotar é luz.

Mas o que sabemos da vida, quando apenas ela sabe. Ainda que a criação advenha do que é vivo e do que é morto.

Há um poeta lusitano, Eugênio de Andrade, que diz, num verso, que a morte é uma sede. Não sei até que ponto. Ou a sede é morte. Ou a morte tem sede de água da ressurreição.

E a eternidade deve cochilar em nós, sem repararmos. Quando o sonho é imortal. E ao passar de um ao outro, leitores, não terminamos.

Pedras e pássaros

O livro *Eu, um outro*, do prêmio Nobel Imre Kertész, conta que o líder soviético Lênin espantava os rouxinóis com pedradas. Quando, após um derrame, o levaram para a Crimeia, na primavera, à beira da água, para que pudesse sentir-se melhor, os rouxinóis o acordavam todos os dias na madrugada. A ponto de ele sair correndo para o jardim, atirando pedras para afugentá-los, apesar do braço paralisado. De repente, não conseguiu mais segurar as pedras, o que foi a vingança elegante, tênue e implacável sobre o grande revolucionário que não suportava o cântico dos pássaros.

Relato isso lembrando quanto os poetas são pássaros e se acostumam com as pedras do desalento e da marginalidade. Ou de certo preconceito ainda vigorante, em determinadas áreas, contra a arte, a beleza, ou a criação.

Felizmente os pássaros cantam porque cantam e não podem deixar de cantar. Como as árvores florescem, os cogumelos se alçam na relva e o rocio desce no amanhecer.

Jung certa vez indagou sobre o nosso entendimento a respeito do que pensamos. O mesmo ocorre sobre o que sonhamos cantar. E malgrado o dissabor, a falta de conhecimento, o despeito de existirem os pássaros, ou de terem que celebrar a criação ou os ninhos nos pinheiros, ou o equilíbrio nos fios, a imaginação continua com os poetas e a beleza não se esgota. São indefesos os pássaros e os poetas, trapezistas do sonho. Ou o canto é perigoso, perturbador?

O infortúnio do mundo não conhece mais o humor e a alegria dos pássaros. Nem o que a poesia inventa na ciência de estar vivo.

A questão das asas

Quatro anos atrás — e como os anos passam — fui com Elza a Paris e alugamos um apartamento, perto do Sena. Foi a oportunidade de visitar livrarias e encontrar edições primorosas.

Entre elas, a dos *Cahiers: 1894-1914*, do grande poeta Paul Valéry. E descubro, numa de suas páginas, esta frase: "Eu trabalho para alguém que virá depois de mim." O livro tem valiosas anotações com a letra do escritor, que foi da Academia Francesa e escreveu um poema que não me canso de reler: "O cemitério marinho".

Foi Baudelaire quem disse que o poeta era uma ave desajeitada, que não cabe com as asas na proa de um navio. Mostrando a inconformidade do poeta com o mundo que o cerca. Ou vice-versa.

E dei-me conta de que a ave tem as asas para fora e o poeta tem as asas para dentro. Porque o poeta imagina e a ave voa.

Mas a imaginação do que inventa, cria pegadas na areia do deserto, voa para o abismo do ser, ou da experiência, ou dos sonhos, quando o real perde caminho e o poeta o recupera na luz. A escrita fixa o alfabeto onde passa.

A ave, ao contrário, plana, sobe ou desce, mas no ar não permanece nenhum vestígio da passagem. O ar vai sulcando de arado o próprio ar, como as nuvens não largam rastro.

Mas o poeta, ao voar para dentro da palavra, designa o inventário de seu voo, não para si, pois tem a humildade de que nada lhe pertence. Deixa o inventário para os que vierem após. O inventário do que parece invisível ou ilegível no seu tempo, para ser decifrado depois.

Sobre a esperança

Estou de esperança até a cabeça. Oitenta e três anos de esperança. Durmo e acordo esperança. Levo-a comigo nos arrabaldes da memória, levo-a nas ruas da república. Sonho com tanta esperança: ela não sonha comigo.

A esperança se acende como fogo, mas precisa de lenha para queimar.

Estou surdo de tanto a escutar e se apaga igual a lanterna.

Depois estiquei a esperança como pandorga na infância, estiquei numa linha e não voou. Esperança só voa com asas de palavra e palavra voa sozinha, não carece de esperança, que cansa até a palavra.

O curioso é que alguns amigos me consolam e dizem: Pega a esperança, é a última que morre!

Mas por que exigem tanta esperança, se ela encolhe com o tempo, que é tão raso, desafortunado. E nenhum ramo da esperança, nem da política, salva a política. Mas a luz não encolhe, é cada vez mais forte, mais audível, compreensível, eterna.

E descubro, leitores, que não vivemos de tanta esperança, se ela não estiver plena de Deus, se não tiver revelação, se não absorver eternidade.

Essa outra é tamanha, tão vigorosa ou insistente, que não nos ajuda, nem conforta ou enxuga as lágrimas. A esperança que depositei nas coisas se afundou, a esperança que depositei no homem se esboroa, ou nos esmaga.

Tanta esperança até a cabeça, quando só a Deus me basta.

Paraísos perdidos

O grande poeta espanhol Ramón Jiménez, de *Platero e eu*, indaga: "Haverá um paraíso aos pássaros? Haverá um vergel verde sob o céu azul, todo em flor de áureos roseirais, com almas de pássaros brancos?"

O brasileiro Manuel Bandeira chega também à conclusão da existência, para ele, de "um céu dos passarinhos".

Mas julgamos, é lógico que com a nossa limitada razão, que poderia haver um céu para os burros, como desejava o francês Francis James, que desejava subir com eles aos páramos etéreos.

E por que não, então, um céu para os cães? Decididamente o merecem, por sua fidelidade ou benemerência. E até me lembro de como um veterinário de Guarapari chamava meu cão Tabor: "alma boa." E enfermo, para ser operado, teve o último olhar para nós.

Ou pode haver um paraíso de palavras, porque não só as amamos, como nos passam a amar. Palavras arcaicas que se salvam de certo esquecimento, palavras abandonadas, após régia presença.

Todos esses paraísos perdidos não são os do inglês Milton, são os que inventamos pela imaginação ou pelos sonhos, criando jardins de permanência. Sobretudo, leitores, há o paraíso dos pássaros, dos cães e dos burros. Sim, os burros tão humanos, sofridos ao subirem encostas ou levarem nas costas o jugo de nossa impaciência, tão aventurados em pastarem o capim, tristes ao serem, injustamente, comparados com espécimes da fauna humana, os burros tão perseverantes, inteligentes e tolerantes no curral de terrestre harmonia. Mas nossa razão é estreita diante da sabedoria maior de Deus.

O autógrafo

A glória se dilui e a indústria da morte se amoita na indústria da vida, como loba à espreita. E "a esperança demorada enfraquece o coração".

A vitória será do amor: o amor de Deus, à Sua Obra, o amor aos irmãos, até aos que sabemos que nos hostilizam na sombra. Dizia Virgílio Maro que "o amor vence tudo". E o Livro de Ester nos fala de quanto foi honrado Mardoqueu. A grande injustiça só se equilibra com grande justiça. E, leitores, tanto cuidado da árvore com maçãs acaba quando o vento sacode os ramos, ou as maçãs tombam de maduras.

Mas meu assunto é outro. Sim, leitores, tenho percebido quanto vale orar, "o que distingue almas crentes", no observar de Machado de Assis. Nunca esqueci da experiência de um escritor que conheço. Tinha, na sua lista de intercessão, o nome de ilustre e polêmico jornalista que admirava. E sonhou com ele, à noite, na mesma hora em que (soube depois pelos jornais) o homem foi assassinado, covardemente: estava em uma fila de autógrafos com seu livro na mão, recebendo a devida dedicatória no volume, com beneplácito de Eternidade.

E no que tange a autógrafos, lembro, nesta crônica, o divertido lançamento que realizei, em Porto Alegre, de *Jericó soletrava o sol*, na editora Globo, com o poeta Mario Quintana, que lançava *Baú de espantos*. No auge da distração, Mario me autografou. Não o seu, mas meu próprio livro.

Se não existe acaso no Espírito, existe no mundo, existe no famoso poema de Mallarmé. Mas descobri, e ainda bem, que não há acaso no sonho.

A felicidade humana

O autor latino Plauto, acompanhado de Quintiliano, defende a tese de que "a melhor mobília é a nova e a melhor amizade é a velha". Ou, quanto mais velho o ser, mais amigo ele é. Afeto é de via dupla. Não existe superior, ou inferior. E profundidade é grandeza. O vinho mais antigo deve guardar a casta pura. Retirado de barris subterrâneos da alma. Quando a velhice não nos surpreende com mais rugas, as de dentro.

E os antigos não se enganam. Nada muda nos tempos, nem nas vontades. Portanto, a verdade da amizade aparece nos juízos sem defesa. Mas quem ama o semelhante não carece de defesa. Ama-se como a luz dos olhos, ama-se a amada, ama-se o amigo, mais ainda nesta época sombria de máscaras, amoitadas invejas, cautelas, fuga de agrupamentos.

"O futuro é o idiota da família", como certa vez observei. O presente e o passado têm a sabedoria do que se acrescenta na margem. E se acrescenta de vento no aquecer da fraterna chama.

E "como a fortuna não tem pés: somente mãos e asas", para o poeta latino Horácio, mostrando a fugacidade da sorte, a amizade nos dota bem mais do que de pés, mãos e asas. Com a sinceridade, a gentileza, o cuidado e a justiça, é preciosíssimo tesouro. Ou terra que prolonga o madurar do trigo.

Os comedores de batatas

Há uma célebre tela do genial Van Gogh, intitulada *Os comedores de batatas*. Estão todos assentados numa mesa e famintos. Porque a fome é antiga e ancestral. Congrega, reúne, sem a dita luta de classes.

E se o pintor holandês retratou uma cena de agricultores, presos à carência de recursos, hoje os novos devoradores de batatas são ricos ou milionários, abastecidos dos cofres públicos, que digerem propinas com a mesma avidez dos personagens do quadro de Van Gogh.

As mãos da mulher partindo os pedaços são a pátria, que chamamos nossa. Nem diria a pátria, já que faria a justa distribuição, esta mãe é outra, chama-se ganância do poder, cumplicidade, sofreguidão de mastigar o miolo, até a casca. Com o honrado esforço da Lava-Jato para descobrir, punir, resgatar.

No centro da mesa, a chama do lampião são os altos princípios, a arte de furtar na paciência ou na pompa, a arte de alguns repartirem, com ambição, a gula, depois dividindo a sombra das batatas sonolentas, ou melhor, a dívida, com todos.

Mas hoje há um aceno de paz na mesa da república. O nobre presidente do Supremo postula a pacificação dos poderes, após as eleições. Com o respeito à tolerância e às diferenças.

A mesa dos comedores de batatas está, contudo, posta. Sobre os acontecidos, curioso é que, para saquear, ou para o gasto desavisado e irresponsável, houve a súcia de poucos, e, na partilha do caos, o desastre: o dever coletivo. Isso tem ocorrido onde falta a transparência e o segredo das batatas é colocado misteriosamente no buraco das contas. Como se não tivesse havido antes, só o após. Cabendo apenas sussurrar, parafraseando o Quincas Borba, de Machado de Assis: "Ao vencedor, as batatas", e, aos demais, as dívidas!

Coisa perigosa

Narra Jorge Edwards, em seu livro *Adeus poeta*, o seguinte diálogo entre Pablo Neruda e um capitão do exército chileno, depois do golpe militar de 1973:

"— Procure, pois, capitão. Aqui só tem uma coisa perigosa para vocês.

O oficial deu um pulo.

— Que coisa? — perguntou, alarmado, levando uma das mãos, talvez ao coldre de sua arma.

— A poesia! — disse o poeta."

Alguns pensarão que Neruda estava brincando. Mas não estava. Falava de uma poesia, que é consciência. E explode com a existência, aparentemente inofensiva como ela. De mesma substância corrosiva. Ou é como a felicidade, o júbilo, o despetalar da chuva batendo, ou do trovão trincado de relâmpagos no espaço.

Até o céu, as nuvens, as pedras podem explodir na palavra. Mas a consciência vê, e o perigo consiste exatamente nesta arte de voar e apontar o tempo. Como um fuzil.

A luz é inocente, tal o ar, as estações, o vento. Mas na palavra não são apenas luz, ar, estações, ou vento. É a certeza de que tudo isso rebenta na coronha do sol. Ou no gatilho da tempestade.

Pode alguém achar a poesia desaproveitável, sem peso na economia das nações, sem volume no comércio dos homens. Como é desaproveitável um girassol.

Nada podemos fazer para mudar o sistema ou a ordem do planeta. Mas não nos sentimos consolados se não conseguirmos descobrir o quanto podemos nos render ao mistério da natureza, o mistério das palavras, do amor, da poesia que habita nos livros e no canto dos pássaros, na fidelidade dos cães e mesmo na amizade das pedras. E há que acordar o coração, dando-lhe olhos, ouvidos e sonhos. Velho ou jovem, resiste, palpita e não faz mais anos. Sabendo perceber a beleza deste instante que passa e que nos deixa perplexos. Ou é capaz de explodir. Carregado da mesma vida que não para, nem olha para trás. E vai seguindo, seguindo, criando no desconhecido. Ou fazendo com que o desconhecido seja industrioso parceiro de nossa imaginação.

A poesia é o que ninguém nos tira. Dispara com o espírito. E quem não estiver a favor dela, que esteja a favor de si mesmo, porque ela é o elevado momento das palavras e de nossa dignidade. Por ser a língua, alma. Como assinala Kafka, "é o sopro sonoro da pátria".

Não se enganem, estar em defesa da poesia é erguer a bandeira do melhor que expressamos. A infância não é mortal, a poesia não é mortal, nós é que somos. Escreveu o Rabi Hillel, no século XII: "Se eu não estiver a meu favor, quem estará? Se eu não estiver a favor dos outros, quem sou eu? E se eu não estou agora, quando estarei?"

A renovação estética

Entre as conferências do genial poeta andaluz García Lorca, encontrei estas observações: "Muito se escreveu sobre Góngora; no entanto, a gênese de sua reforma poética permaneceu obscura. (...) e Góngora esteve como um leproso cheio de chagas de fria luz de prata, com o ramo novíssimo nas mãos esperando as novas gerações que recolheriam sua herança objetiva e seu sentido da metáfora."

É curioso que toda renovação estética sempre encontre dificuldade entre os conterrâneos, seja pela inovação, seja por certa tradição linear na literatura, onde vige mais a fabulação do que o pensamento, seja pela ignorância de sentido da metáfora que cria.

E há o desconhecimento dos que convivem com o criador, cuja humanidade parece singela, ou humilde, ou sem pretensão, misturando-se entre os simples ou cultos, como uma sombra que aprendeu não ser entendida, ou amada pela palavra, com ambição cuidadosa do futuro. Porque terá seu tempo e tem, ali, seus contemporâneos.

Toda semente, seja na natureza ou no espírito, tende a ser árvore, e a árvore, a dar frutos. Ou se acercar de pássaros.

Kafka não pretendia inventar um novo estilo, não pretendia ser marco de modernidade, apenas foi Kafka, estando as invenções todas na nuclear matéria de seu sonho.

Jorge Luis Borges assegura que cada autor cria os seus precursores. Às vezes nem sempre sabe disso ou se dá conta. Ou nem carece. Basta que exista. Como uma flor jamais escolheu ser flor. E a terra sempre lhe prepara o advento.

A infância da imaginação

"Imaginação, criança" — observa o admirável poeta francês René Char. Eu estenderia: imaginação, infância. Ou nova infância da imaginação, na medida em que sonhamos. E é nova civilização.

Mas a verdade vem antes da imaginação e da beleza, o que não significa que desdenho a beleza, nem posso, por confirmá-la em cada verso. E se não houver lugar no mundo para os poetas, criarão na estranheza o seu mundo. Como não entendo qualquer preconceito contra a beleza. Sendo reação igual à do lobo diante das uvas. Ao achá-las verdes por não alcançá-las. Parafraseando Nietzsche: "Não é a beleza que está madura para nós, nós que não estamos maduros para a beleza."

Quem não consegue ver a beleza da natureza, a beleza das coisas, a beleza dos versos ou do movimento das marés, não vê. Nem consegue olhar para dentro.

O fruto não é cego, a árvore vê, mas a gota de água não engole o sol (lembro René Char!). Se a beleza não serve à verdade, não quer dizer que a beleza não exista, respirando por si mesma.

Não invento a flor, nem a flor me inventa.

A imaginação persiste no esplendor criativo da memória e somos transeuntes de um sonho da infância que não termina, a infância da eternidade.

E o que nasce de amor, cresce de semente, como a realidade na fé nasce do sonho. A infância é a semente da imaginação.

Assentamos a beleza nas palavras e a imaginação dormita no segredo de estarmos vivos, contemplando na palavra, o voo e a gravitação do universo.

E a língua não é só o bater na sola das imagens, é o bater na sola da liberdade. Quando ela voa, leitores, voamos juntos.

Sim, a imaginação é criança, como o tempo. Quem há de impedir, ao amarmos as palavras, que elas nos amem?

Retrato do artista enquanto velho

Ao falar em imortalidade, desconfio de mim mesmo, porque julgo certo senso do ridículo muito saudável para a inteligência, até para os ossos. Reparei quanto a posteridade é antiga procura humana, com a ânsia de transcender a morte pela obra ou por algum outro feito que dignifique a memória. Mas o pior de tudo se conta com a atinada desmemória, que se torna muitas vezes infatigável, fazendo dos heróis de hoje os esquecidos de amanhã. O que pode ser apanágio de estadistas. Ou dos artistas que transitaram por sua época no tratamento da criação ou da beleza. Como um Shakespeare, um Camões ou Dante Alighieri ou um Picasso, Chagall e Miró.

Mas a memória vai-se desfigurando com os anos e os altos acenos. O que parece grande num tempo, noutro é bem menor do que se supõe. E se deixa de pensar na matéria efêmera dos livros, que, apesar dos cuidados, são vítimas da umidade, dos ratos e das traças, dizimando o esplendor do gênio. Daí cabe a nós todos o senso do real. A imortalidade é título, ou o retrato do artista enquanto velho, com o rosto sob a intempérie do temível esquecimento. No que não vale certa soberba ou empáfia, quando é simples a ciência de nossa transitoriedade, ainda que lembremos a uns mais que a outros, havendo súbitas restaurações de nomes no vale assombrado das gerações. Com uma verdade: todos tentamos ser felizes, cada um a seu modo. Machado de Assis aventava ser a felicidade um par de sapatos. Não era a imortalidade — e se houve pensamento funesto, os inertes sapatos de madeira para os pés melhor resistem ao futuro caminho. Não! O assunto é sério. Talvez Quincas Borba tenha razão na descoberta do elixir — *o humanitas.*

Mas creio, sim, na imortalidade, a outra, a que vai no coração de Deus. Por não depender da ambição ou do limite do homem. No mais, tanto se constrói para a imortalidade, quão pouco resta dela. Ou se torna risível por este poder não ser nosso, mas de algo maior do que nós. Não em vão, Fernando Pessoa afirmava: "A alma do homem é um mistério." E — insisto — o retrato do artista enquanto velho não passa da duração do tempo de nossos sonhos. E até eles se desfazem na névoa. Essa posteridade que alardeamos só conhece outra posteridade, a da terra, que rebrota com árvores e frutos. Ainda que se acredite, com Ernest Hemingway, que "um homem pode ser derrotado, mas jamais vencido!" Porque o espírito do homem não termina.

Contar histórias

Inventar histórias é tradição tão antiga que remonta ao fundo dos séculos, desde quando o homem tinha a necessidade de comunicar-se ou de narrar os acontecimentos. Ou os desejos, instintos, ou o impalpável mundo dos devaneios.

E inventar era a melhor forma de superar a pobre vida que se levava. A medida da invenção era a medida do esquecimento e do prazer de sobreviver.

Contar, portanto, era o elo das comunidades e tribos, arrancando o peso das guerras, da coragem e da solidão.

E hoje a visão mantém uma plenitude do universo. E a imaginação na história é força do tempo e da memória. Nascem os personagens dos atos e os atos dos personagens. O que se inventa, já se descobriu nalguma parte da fantasia, ou nos sábios porões do inconsciente humano. Porque o homem sempre esteve entre a luz e a escuridão, entre a natureza e a maneira de superar os escombros cotidianos.

E escrever é uma magia, com que se vai transgredindo a dureza da realidade. Ou é a realidade que nos vai impondo o seu jogo de contrários.

O que faziam nossos ancestrais, ao transmitir histórias e experiências, como herança do sangue, nós hoje imitamos, registrando a vida que flui e tenta fugir, ou o tempo que se fragmenta nos instantes.

Recordo, curiosamente, que somente escrevi ficção aos quarenta anos, depois de longo caminho poético. Foi quando comecei a esquecer os poemas que — a muitos — sabia de cor e apreciava recitar, fosse nas universidades ou escolas, ou nas comarcas, depois do churrasco entre amigos. E ao esquecê-los, principiou outro tipo de memória, a dos relatos e dos seres que se escondiam em mim e precisava trazer à baila, por exigirem nascimento. Como os sonhos que passaram a ter vida própria.

Voltamos sempre

Voltamos sempre à infância, mesmo que não se queira. Voltamos sempre aos mesmos livros de clássicos e cada vez com novo olhar. Voltamos sempre no tempo para contemplar erros e acertos, com a aprendizagem de viver. E a renovação na equipagem.

Por mais que nos enganemos com a visão das coisas, a realidade insiste em se revelar. E, a cada dia, a poesia e o devaneio nos descobrem, bem mais do que os descobrimos. É preciso acreditar na Palavra, que é certeira e se cumpre no tempo determinado, quando é de Deus.

E se tenho em mãos essa lâmpada do caminho, a escuridão é afugentada e as sombras somem. Não é a lâmpada do tempo que vai fenecendo, nem a lâmpada da civilização, que morre. É a força de Deus, a força de tudo sobre o nada.

Escrevo e não brigo com a tinta, "nem falo, para não ser interrompido", como pensava Jules Renard. Vou sugerindo o andar, com ideias que vão na minha frente. Com um pouco mais chegamos. Chegar é perder idades.

E procuro, ao lado minhas canetas. Vejo uma delas nos dentes de Aicha, minha cachorra, imitadora na arte de escrever. E me recordo de Kafka, que advertiu que criava como um cão; ou Guimarães, que teve opinião próxima. E sei que Aicha vai seguindo sua vocação. Talvez descubra a imortalidade ou o éden dos cães nalgum lugar da imaginação. E a imaginação é conquista de farejar os sonhos, com os ossos.

A queima de livros

Ao visitar a Biblioteca de Salamanca, Espanha, fui levado a uma sala secreta, onde estavam alguns livros proibidos pela Inquisição, que casualmente nunca foi, nem será Santa. Os livros tinham páginas arrancadas, queimadas ou apagadas.

É a ignomínia de tentar destruir a inteligência ou a força das palavras. E disse alguém, com razão, que o que queima livros é bem capaz de queimar pessoas. Tantos foram suprimidos — em nome da fé? Há um romance de Bradbury, *Fahrenheit 451*, que deu origem a um filme do mesmo nome, que vislumbra uma sociedade livre da herança dos livros e os bombeiros são postos no serviço de queimá-los. Assim, o fogo acompanha a trajetória do livro através dos séculos.

Nos regimes ditatoriais a leitura se torna um perigo público, por identificar-se com a inclinação do pensamento e o respirar das ideias. No regime democrático, acontece o contrário: é sinônimo de cultura e liberdade, sem o que o espírito não se desenvolve.

Vale lembrar que os nazistas foram mestres na queima dos livros e esta é a sina de todos os sistemas que com eles se afinam.

Em tempo obscuro, os oponentes políticos são reconhecidos por seus livros, sendo necessário escondê-los, para não delatar seus proprietários. Seguindo a desconcertante norma: "O que leres revelará o que és." Como diz o verso do poeta Cassiano Ricardo: "Para ser subversivo, basta estar vivo!"

E uma queima de livros inexplicável, feita pelos próprios autores, querendo desfazer o próprio rastro, por algum motivo psicológico?

Foi o caso de Virgílio Maro, ao pretender queimar a sua obra-prima, *A Eneida*, antes de morrer. Sucedeu com Kafka, que igualmente desejou incendiar seus livros, mas não o fez por intervenção de um amigo. Talvez por não esperarem mais nada da posteridade. Ou, mais proximamente, o inexplicável gesto de Jorge Luis Borges que eliminou seus primeiros livros.

Mas por que queimar os livros, que têm eles a ver, queiramos ou não, com a consciência e a segurança do Estado? E o intento político de queimar livros, é tentar anular a lucidez e a esperança futura dos homens — o que é impossível.

A interpretação do céu

"Posso eu interpretar o céu?", indagava a poeta norte-americana Emily Dickinson, hoje tida como das grandes vozes dos Estados Unidos da América. Ou deixamos que o céu nos interprete — o que é pretensioso —, ou que o céu descubra o nosso sonho de céu. E penetre onde quiser. Ou o sonho de céu começa a ter uma dimensão inatingível.

Saberá de nós o que é infinito? O amor sabe e isso nos define. E há um ponto tão vital: que não somos apenas nós que buscamos a luz; ela também nos busca, ainda que não entendamos. A luz tem acaso alguma infância dentro? Tudo é imaginável.

Ou é a luz que fabrica o orvalho? Perdemos as coisas e não reparamos. Porque elas continuam existindo, apesar de nós. Mas o que sabemos não nos esquece. Interpretamos os pensamentos, interpretamos a primavera pelas flores e o outono pelo tombar das folhas. Mas não conseguimos interpretar o destino.

Diz Jorge Luis Borges, o genial argentino: conhecemos tanto, todavia, "não conhecemos o dia de nossa morte". E a morte vem como um ladrão na casa, lemos no Evangelho. O próprio D. Quixote repete esta frase: "Onde está teu tesouro, está teu coração."

Sim, até o poema pode ter interpretações diversas, porque a metáfora jamais é exata. Mas a luz não pode ser mais exata, irrefutável. Deus é irrefutável, mesmo que alguns não acreditem Nele. Mas acreditar é dom da fé, que vem de ouvir a Palavra. E, se temos Palavra, essa luz que ela retém inventa o mundo. Observa o Nobel de Literatura francês Albert Camus, que "o absurdo não liberta, amarra". Porque o absurdo não tem amor, mas loucura. E loucura é quando a razão rebentou. Não pelo lume, por escuridão. A luz sabe de Deus, as trevas são órfãs de si mesmas, ainda que tenham certa ordem, a ordem do abismo.

Entretanto, em que medida entramos, leitores, no céu do sonho, como nos extraviamos entre sonhos da infância? Florescem jardins em nós que levam até a meninice? Ou há uma meninice eterna, onde andaremos em cometas como em lombo de corcéis? Interpreta o céu, quem é do céu. Um dia entenderemos esse ditoso idioma, ou senha. Só não adivinhamos quando.

Do inseparável amor

Um casal de idosos que viveu sessenta anos juntos, morreu de mãos dadas, em Nova York, com algumas horas de diferença.

Ed Hale, de 83 anos, havia prometido à mulher, Floreen Hale, de 82, que jamais se separariam. No fim de janeiro, essa promessa quase foi rompida, já que ambos foram hospitalizados em lugares diferentes. Ele sofria de um problema na perna; ela fora internada com uma alteração no coração. Ed soube disso e pediu para ficarem juntos no mesmo hospital: conseguiu. Com as duas camas, uma ao lado da outra, juraram amor perene, dando-se as mãos.

Alguns minutos depois, Floreen faleceu e Ed Hale a seguiu, 36 horas após, com a deterioração de sua saúde. Foram os dois sepultados juntos.

Haviam se conhecido numa festa com seus amigos. E nada mais os apartou.

Quando o amor parece ter-se perdido, para alguns, o encantamento e graça desse exemplo ressoavam fortes, contundentes.

Diz Fernando Pessoa que "o amor é a eterna inocência". Ed Hale e Florean a reconheceram nos sessenta anos juntos. Só a Morte não é inocente. Nem o mundo. Mas mantiveram essa limpidez no limiar da alma. Como se tivessem, em corpos diferentes, uma alma comum.

Shakespeare observava que "o amor não vê com os olhos, vê com a mente: por isso ele é alado, é cego e tão potente". Melhor, o amor contempla com olhos do coração, escuta com os ouvidos do coração, e, que me perdoe o bardo inglês!, Possui a mente não no cérebro, mas também no coração. Pois sobrevive pelo pulsar constante do sangue, que, para Nietzsche, é espírito. E o amor sai sempre de moda, por isso é perene.

E me vem à memória um célebre poema de Robert Desnos, que sofreu os rigores da Grande Guerra e a invasão do exército alemão na França: "Tanto tenho sonhado contigo, tanto tenho caminhado, falado, deitado com teu fantasma que não me fica mais que ser, senão o fantasma entre os fantasmas e mais sombra cem vez mais que a sombra que passeia e passeará alegremente sobre o quadrante solar de tua vida."

As balbuciantes estrelas

Na minha adolescência, li *Carlos Magno e seus cavaleiros*. Não recordo quem o escreveu, ou se era anônimo. Mas os tais cavaleiros fomentaram a minha imaginação e às vezes eu nem queria comer, de tanto que me absorviam. Sendo os personagens mais do que comida, e o seu imaginar, mais do que fome. E a memória mais do que a febre. Com os olhos mais do que o corpo.

Li, aos poucos, degustando, não querendo que o livro gastasse. Por não se gastar a fantasia. Mas o que gasta é a vida, não o sonho. E se o sonho nos gasta, é por mergulharmos nele demasiadamente fundo.

Outro livro depois me prendeu, como se me pusesse sob sua grande pedra. Foi *Aladim e a lâmpada maravilhosa*. Queria ter uma lâmpada igual, de tanto poder e proezas. Que, ao mínimo pedido, o Gênio ouvisse e realizasse. Sobretudo, ingressei no mágico mundo do impossível. Talvez tenha descoberto conter em mim o germe invariável de acreditar no impossível. E, se isso não é recôndita sensatez do real, é sensatez da loucura, que é dona da casa dos mais altos devaneios. Porém, na medida em que os reconhecemos, vale registrar a lição bíblica do Salmo que diz: "Lâmpada para os teus pés é a Tua palavra, luz para o meu caminho." Portanto, não há o Aladim da lâmpada, existe a lâmpada da palavra, a prodigiosa lâmpada do universo de Deus. Com outro movimento: sou eu que sirvo a palavra, não a palavra que me serve.

Entre as leituras, não posso esquecer *A divina comédia*, de Dante Alighieri, ou a descoberta da poesia. E a mesma impressão do medo de gastar o livro me acompanhou. Por não gastar a consciência, nem a copiosa foz da linguagem nos seus geniais tercetos. Ali, entre os vícios e as virtudes do outro mundo, transparecem em espelho os vícios e virtudes deste; as montanhas, penedos e rios que se descrevem são os nossos, sob a circular geografia do verso deste obstinado geômetra italiano.

Mais tarde me encantei com Drummond (com quem me correspondi), ou João Cabral (companheiro na Academia, falou sobre *O campeador e o vento* na visita ao pampa), Guimarães Rosa (*Grande Sertão: Veredas* foi lido por mim, em voz alta), Clarice Lispector, amiga fraterna, que possui um texto avassalador: "Não ter nascido bicho é uma minha secreta nostalgia (...). Só voa o que tem peso."

Os livros não se gastam, nós que nos gastamos e precisamos sobreviver com dignidade, olhando, límpidos, o que vem das balbuciantes estrelas. Ainda que não se saiba como nos chega a morte: se em carro de bois, se em charrete, se a cavalo, se a pé, se a um sopro, se a nada.

Sobre os gêneros literários

Não nos devemos preocupar tanto com os gêneros literários; devemos, sim, nos preocupar com a linguagem. Porque é a linguagem que determina os gêneros, e não os gêneros, à linguagem. Isso defendo na minha *História da Literatura Brasileira*. E, com a ruptura dos gêneros, o romance pode estar no poema, o ensaio pode estar no romance. Se não houver poesia no poema, os versos se desplumam, e, se não houver uma linguagem inventiva no ensaio ou no conto, nada perdura. O que resiste é a palavra e seu trabalho, como se lapida o cristal.

O escritor que for grande é que torna precioso o gênero, não o gênero que faz grande o escritor. Um exemplo é o nosso Rubem Braga, que elevou a crônica, de gênero pouco considerado, a um gênero de primeira linha.

Nós só inventamos as coisas, quando elas nos inventam. Tudo de acordo com a nossa intimidade com a linguagem, na proporção que nós a amamos e ela nos ama.

Jean Cocteau, o notável poeta e teatrólogo francês, indagou, com certa ironia: "As obras-primas não seriam álibis?" Talvez no sentido de que a criação gera para o autor a invisibilidade, a possibilidade de escapar da autoria do delito de inventar. O fato é que não precisa, como ocorre, retornar ao lugar do crime. Como sucede com Machado de Assis, que se esconde por trás das máscaras de sua ambiguidade. Ou ao arrastar o texto com as dúvidas, como acontece com Capitu e Bento, em *Dom Casmurro*, levando junto o leitor. Por isso que Jean Cocteau assevera adiante que "a glória é resultado de um atropelamento (...). Ou resulta sempre de um acidente". E se o romancista mata o personagem, não responde pelo crime. Quando Erico Veríssimo resolveu matar seu personagem — Rodrigo Cambará, em *O tempo e o vento* — houve manifestações de pesar e protestos em vários recantos do Rio Grande do Sul. A suspeita do assassinato não recai sobre o romancista, mas sobre a palavra. E ela está acima de qualquer suspeita.

A roda dos contemporâneos

Machado de Assis foi o fundador da Academia Brasileira de Letras e considerado, por muitos, nosso maior escritor. Sua infância permanece obscura, mas, tendo ele nascido no ano da Regência (1839), e se tornado um funcionário exemplar, conheceu a glória em vida, reconhecido por um José Veríssimo, José de Alencar, Ruy Barbosa, Graça Aranha, Alcides Maya, ou Euclides da Cunha, como também teve alguns contemporâneos que sobre ele escreveram desfavoravelmente. Destaco entre estes Sílvio Romero, com a contradita famosa de Lafayette Rodrigues Pereira, em seu livro *Vindiciae*.

Igualmente, vale lembrar o decepcionante ou invejoso juízo de José do Patrocínio, em 1888: "Pago o ódio que esse homem vota à humanidade com o meu desprezo... Nunca olhou para fora de si; nunca deparou, no círculo de suas idealidades e reverências, outro homem que não fosse ele, outra causa que não fosse a sua, outro amor que não fosse o de si mesmo... O país inteiro estremece; um fluido novo e o país inteiro estremece; um fluido novo e forte, capaz de arrebatar a alma nacional, atravessa os sertões, entra pelas cidades, abala as consciências... Só um homem, em todo o Brasil e fora dele, passa indiferente por todo esse clamor e essa tempestade... Esse homem é Machado de Assis. Odeiem-no porque é mau; odeiem-no porque odeia a sua raça, a sua pátria, o seu povo."

Essas palavras nada dizem do verdadeiro Machado, salvo o despeito pela sua alteza. São poucos os contemporâneos que acolhem o gênio. Quando vemos um ano inteiro, o de 2008, dedicado a Machado, vislumbramos como o tempo é o mais sábio julgador, pairando sobre as paixões ou pequenas querelas provincianas. Machado teve "o mérito e a boa sorte", que, para Goethe, é a marca da superioridade intelectual. Sem esquecer o ensinamento de Montaigne, o Mestre do Cosme Velho "não descrevia o ser, descrevia a passagem". Daí por que, através dele, conhecemos o Rio de Janeiro de sua época, os costumes, a voluptuosidade da alma e de todos os homens. Tendo escrito não apenas para o período em que transitou como vivente, mas para os séculos. Por haver armazenado o futuro com prodigiosas e precisas palavras. Os personagens que criou, como Capitu, Bentinho, Dom Casmurro, Quincas Borba, Brás Cubas, persistem dialogando conosco. E decerto, Machado não ascendeu por acaso, foi arrastado para cima pela luz. Era quotidiano, burocrático, formal, tão civilizado por fora, cumpridor dos deveres na repartição ou na Academia, mas revolucionário e inventor por dentro. Com percepção invulgar do minúsculo mundo que se esconde atrás dos seres e objetos. Ou a vertigem com que contemplava, a fundo, nossa efemeridade. Com lente de aumento na inteligência. Poucos, ao se aproximarem de sua discrição e silêncio, podiam entender sua grandeza. Pois, na feliz expressão de Philippe Brenot, "o gênio se parece a todo o mundo, porém ninguém se parece com ele".

Arco Balena

A expressão "Arco da Velha", que ouvia, de menino, era o arco das coisas sumidas na lembrança, baú de coisas muito antigas. E não sei por que razão misturava tal palavra com "Arco Balena", que escutei na colônia italiana do Rio Grande e nada tinha a ver; era o arco-íris. E nesse ir e vir de um vocábulo a outro é que brota a poesia.

Escrevo isso para dizer que nada mais me deixa pasmo, pois tudo o que me podia trazer assombro ficou na infância. Salvo a soberania do milagre, ou a vastidão dos espaços infinitos que estremecia Pascal e também nos estremece.

E se suceder de novo a invasão dos bárbaros — seja do tráfico, seja da milícia ou de certa política — confesso que já li tal fato, em outros tempos, nos livros de história, e cansei. Aliás, em longos volumes, Cesare Cantú se exaltava ao narrar essa calamitosa invasão e não se cansava. Podem, portanto, os bárbaros persistir ofendendo a inteligência, o senso, ou a liberdade, que não moverei um til. Porque isso vem ocorrendo nos subterrâneos, ou nos interstícios da história, assomando lugares visíveis. E a estupidez não tem pátria. E confiamos no maior respeito à Carta Magna, também pelo Pretório Excelso, esteio da cidadania, e na independência dos juízes. Se isso faltar, se não estiverem acima de qualquer suspeita, não nos sobrará mais nada.

Ignoro, leitores, ignoro por que nos tornamos tão céticos, ou perplexos com os acontecimentos humanos. Se conseguirmos vencer a inflação, será sem dúvida um novo arco-íris. Se a educação avançar este ano, conheceremos razoável felicidade cívica. Se verificarmos progresso na cultura, ou nas artes, estaremos jubilosos. Talvez por não esperarmos muito. E com isso é menor a decepção, ou o desengano.

No mais, o destino nunca foi modesto, ainda que se queira. O esplendor não substitui o amor, com o poder na sua apetência de sobreviver, ou duplicar seus espelhos.

Assevera T.S. Eliot, em seus memoráveis *Quartetos*:

"É do lar que nós partimos.
À medida que envelhecemos
Torna-se mais estranho o mundo, mais complicado o molde
Dos mortos e dos vivos. Não o momento intenso? Isolado, sem antes nem depois,
Mas uma vida inteira ardendo em cada momento
E não a vida inteira de um homem apenas
Mas de velhas pedras que não podem ser decifradas."

Gastei o espanto possível na infância. Com descobertas que se abrem mais adiante. Sem perder o norte que Machado de Assis frisava peremptoriamente: "Não há nada de eterno neste mundo." Mas eu continuo acreditando que o que restou de perene se acomodou na infância. E justamente ali é que reside a posteridade. Talvez por esse argumento simples, até voluptuoso — a infância que me embala é a do futuro. E o futuro que ainda me embala está repleto de infância.

O pátio sonoro da língua

Luis Fernando Verissimo, mestre da crônica, certa vez, citou Jorge Luis Borges, que flagrou o paradoxo de que os escritores mais representativos de cada país tinham poucas características do seu povo. E alude na Inglaterra a Shakespeare, por sinal espalhafatoso, mais italiano ou judeu no temperamento do que inglês. Já o tolerante Goethe, com sua frieza, no que tange ao conceito de pátria, antipassional, nada tinha de alemão. Ou Victor Hugo, com seu jogo metafórico e as hipérboles, nada possui do cartesianismo francês. Muito menos o satírico Cervantes, contemporâneo da Inquisição, pouco guarda da Espanha. E para ampliar essa galeria, o nosso Machado de Assis, com sua contenção de estilo, sua mordaz ironia, filho de Sterne, parece ter mais nascido em alma na Inglaterra que no tropicalismo brasileiro. O próprio Borges é um europeu que contrasta com a dramaticidade e melancolia argentina.

Alega Luis Fernando que isso sucede porque todo mundo, quando pensa formalmente na língua que fala, pensa em outra língua. Todavia, há que meditar num aspecto diferente. O de que se consiga ver melhor um país, trabalhando o mesmo idioma, caminhando no pátio da mesma língua, sendo estrangeiro. Como se olhássemos de uma janela para dentro do povo. Ou de uma sacada, os passantes tão diversos ou bizarros. O que é igual tenta contemplar apenas a si mesmo, e a imagem no espelho é siderada pelo impositivo "eu". Ainda que haja reflexos nele.

Jean Cocteau adverte que os espelhos têm olhos que amam. Talvez por suas retinas de misericórdia. Ou por serem intermediados pela luz.

Mas o que é diverso contempla crítica e objetivamente, vislumbra características que não suas, sentindo de outra maneira, buscando compreender ou partilhar. E o entendimento é mais lúcido, mais prazeroso, mais pleno de graça ao se mostrar na beleza, ou na paixão. Tendo opostos que mutuamente se afeiçoam e se discernem. E o idioma é o rio que vai de roldão pelas coisas e não preserva margem, sempre acabando por desaguar em outros. Como no amor, o pátio sonoro da língua só é visto através do pátio da alma. E uma alma se aparenta com todas as almas. Na unidade.

A invencível fogueira

Recordo a fogueira organizada na rua da minha infância. Com os vizinhos concentrados na lenha, no fogo e na inescapável alegria.

Todas as infâncias detêm suas fogueiras, algumas incautas, outras furiosas, outras com ardor juvenil e danças em torno, alçadas por um júbilo que não se desfaz.

Os foguetes ascendiam e pipocavam e os pés da noite eram compridos. E suas pupilas, mais longas ainda.

Ouvia-se alguma sanfona, o povo na calçada bailava como se fosse a própria labareda branca, azul, esquecida do pesadume ou da dor.

E a chama acesa tem um chamado ao mítico, aos arcanos, quando um homem, batendo entre as pedras, criou o fulgor do fogo. E o fogo gerou o inimitável fulgor das palavras.

Sim, esse incêndio ardeu na minha infância, entre alaridos da multidão e alguns que pulavam na sonora fugacidade da escuridão.

E as chispas se misturavam no ar, com o mais fundo, distante movimento do firmamento.

As janelas e portas das casas se penduravam na árvore copiosa do céu e era uma flor no ramo das estrelas. Não sei se ali havia contentamento, assombro, fulguração, ou apenas a fantasia de que tudo se esvai.

Mas os sapatos do menino eram longos de estrelas. Como se muitas noites de minha infância avançassem e eu voava como sabiá entre as votivas moitas.

Eu era o sabiá, era o sabiá puxando no espaço o menino que aprendera desde então a levitar.

Longe da estupidez, das velhas ambições, cobiças, das dissolutas guerras, do industrioso poder entre a alteza e o nada.

Desejava, menino, desaparecer em êxtase, como os santos, miraculados de ventos, em sonâmbulo transporte, sem noção mais nenhuma de realidade. Mas, hoje, percebo que aquela fogueira se dissolvia com a rapidez das coisas e uma outra, mais concreta, se entreabria, carregada de alados sonhos. Essa não deve morrer, continua ardendo dentro de todas as noites, não para uma festa, mas pela certeza de estarmos vivos diante do espantoso universo.

E com a infância haveríamos de aprender o que jamais ensinariam as soturnas teologias. Ou mesmo os alfarrábios das vetustas bibliotecas e os conselhos dos sábios.

Mas despertei, estou aqui, a fogueira é só este coração, com labaredas de palavras que ninguém pode mais extinguir.

Miguel de Cervantes Saavedra

Nós sabemos que Cervantes Saavedra existiu, porque existe mais poderosamente o fidalgo D. Quixote que varou gerações, todas embevecidas pelo gênio, esta forma de permanência do espírito que não carece de descendentes. Sobre ele se debruçaram tantos e nenhum teve o dom de caracterizá-lo plenamente. Uns o veem pela loucura; outros, pelo mais nobre idealismo; outros o veem como um cavaleiro que ironiza a anterior ordem da cavalaria; outros alegam que buscou sua pátria e a achou no exílio, atrás da amada Dulcineia de Toboso; outros, como Borges, sustentam que Quesada, o nosso herói, mesmo andante no mundo, entre aventuras guerreiras e burlescas, jamais teria saído de sua casa, onde, junto ao Cura da Aldeia, expirou.

Há criaturas que ultrapassam seu criador e D. Quixote é uma delas, com tamanha vida que no tempo não esmoreceu, quando o que o gerou está sob a cova, entre os ossos da devastada penúria humana. Nasceu Miguel de Cervantes Saavedra em Alcalá de Henares, no ano de 1547, publicando seu engenhoso livro do fidalgo Dom Quixote de la Mancha, em Madri, Espanha, entre dezembro de 1604 e o início de janeiro de 1605. No meio do florescimento das artes no século XVII, o soldado de feroz batalha, o que foi prisioneiro e sofreu tantas agruras, viu-se açulado a escrever sua obra-prima, que logo se tornou popular, com os protagonistas D. Quixote e Sancho Pança. Aquele, cansado da leitura dos volumes de cavalaria, desejava mostrar seu valor; e esse era prático, ansioso de fortuna e cheio de leal camaradagem ao seu chefe. O tempo e a palavra foram mudando as feições de um e outro. D. Quixote se fez o paradigma da altivez e da busca de glória; e o outro, de tosco se foi modelando num exemplo de bom caráter e intuição objetiva diante das coisas.

Quando Cervantes escrevia parte do fim da segunda parte, apareceu um *Segundo volume do engenhoso cavaleiro D. Quixote*, de um tal de Alonso Fernández de Avallaneda, pseudônimo de alguém que não se conseguiu identificar, não passando de imitação inferior e sem gênio, que foi-se esboroando na memória.

E curiosamente há um D. Quixote que emerge das páginas de Cervantes, constantemente modelado pela imaginação dos leitores, tão vivo, tão atual, tão veraz, que o lusitano Aquilino Ribeiro, seu tradutor, pergunta se é possível nacionalizar o personagem. Pensamos que nem é necessário, porque, na medida em que é espanhol, de "algum lugar da Mancha", é também universal, estando tão perto de nós todos, inconformista, cortês num momento em que a gentileza, praticamente, permanece, com aforismos sábios, desequilíbrios de fantasia como a luta contra os moinhos ou a forma como se encontrou com os cabreiros, ou a maneira desgraçada com que topou com os yangueses, ou como viu a desvalida donzela, montado no brioso corcel, Rocinante. Se houve atraso de tempo no caso de D. Quixote, houve também avanço — pois o escritor pôs sátira nas palavras e gênio no seu vivente, um gênio que se concentrou nos limites da demência. Mas onde Miguel de Cervantes depositou o mistério imperioso da poesia na sua invenção? Na armadura do herói, nos moinhos transformados em gigantes, nos vocábulos, às vezes girantes e velozes como rodas de moinho, saídos, esfuziantes do fundo ancestral da Idade Média e da Espanha, no humor que atinge o sarcasmo. Penso que o tempo faz o gênio, e o gênio, seu próprio tempo. Mas como arrancar o gênio na figura do *Cavaleiro da Triste Figura*, o archote da loucura, se ambos se alimentam da mesma chama? E é o que explica, igualmente, o lampejo do picaresco no relacionamento entre D. Quixote e Sancho, ambos mais astutos do que o autor. Por ser apropriação do gênio o saber antecipado do que não sabe. Sobrepairando a secreta arte de não morrer.

Indaga o grande Miguel de Unamuno (em *Vida de Don Quijote y Sancho*): "Porventura crês que D. Quixote há de ressuscitar? Há quem creia que não morreu: que, o morto, bem morto, é Cervantes, que quis matá-lo e não Dom Quixote."

A verdade pode ser outra: foi D. Quixote que fez viver Cervantes. Porque o autor passou a depender na imortalidade de sua própria criatura. Como se D. Quixote tivesse gerado Cervantes, e não Cervantes, ao D. Quixote.

A cidade

O erro de um governo civil redunda em prejuízo econômico, educacional ou cultural de uma coletividade. Inda que os poderosos criem uma esfera de autossobrevivência, ou casulo de bolha de sabão. Os erros ou brechas no plano espiritual são mais graves. Alcançam almas.

O governo humano é da razão, segundo as circunstâncias e cumplicidades do poder. Age de fora para dentro. Mesmo que surja o delirante ataque dos rinocerontes aos cofres públicos.

A regência espiritual é de dentro para fora, do Espírito para a unidade do corpo e do sangue. Se assim não for, imita o governo humano simplesmente. E é um desastre, por não ver, nem ouvir, apascentando a si mesmo. Então os profetas se calam e são desterrados, Deus não se manifesta mais. Pois a lâmpada da palavra se apagou, não se escutando o rumor das sementes na azenha. E curiosamente ainda há os proprietários da palavra. Piores, os latifundiários do Espírito.

Todos vivemos os sinais do Apocalipse, guerras, destruição gradual da natureza, terremotos e pestes. A violência ou militância do crime organizado tende a ter reforço político, para dissolver a ordem e retomar o poder. Mas Deus não deixa de falar-nos; nós que às vezes não O escutamos. Nossa confiança Nele e na palavra não retrocede, pois estamos sendo alertados. E o socorro vem do Alto: continuamos olhando para os montes. Mas não podemos aceitar o medo e o terror, inexistindo impossível para o que crê. Que pode começar quando acabam os nossos limites. Entanto, leitores, há que firmar-se nos fundamentos da fé, na vida na palavra, tornando ao primeiro amor. Pois se impõe um novo avivamento, como jamais houve antes. Diz o Salmo, "se Deus não guardar a cidade, em vão guardam as sentinelas". Não existe Constituição que suporte a ausência de Deus. Mas se Ele estiver presente na cidade, resistiremos, apesar das tribulações. E se não orarmos, teremos que repetir o que Cassiano Ricardo observou: "Máquinas, orai por nós!"

A história e o reino

Não posso bradar como o personagem de Shakespeare: "Meu reino por um cavalo!" Porque não tenho reino algum e muito menos cavalo. Ainda que tenha sonhado e inventado muitos reinos com as palavras e muitos cavalos galopei, sem possuir nenhum.

As coisas são mais aquelas que sonhamos do que as que vivemos. Porque de viver se abarrota o juízo, e de sonhar, jamais, por não haver celeiro de imaginar. E o trigo se amontoa no esquecimento humano, bem maior do que a lembrança. Mesmo que a memória seja uma forma de persistir vivendo.

E se nos falta a paciência, falta-nos uma parte do caminho do paraíso. Observa Kafka: "Devido à impaciência não podemos voltar ao paraíso." E, pelo mesmo motivo, fomos expulsos dele. Mas através do amor o paraíso sempre pode retornar para nós, enquanto respirarmos.

E atravessamos a história, como ela nos atravessa. Não penso como Eça de Queiroz, para quem esta é uma velha ranzinza sempre dizendo a mesma coisa. Por vezes é moça, jovem ou sem idade. Que gosta de rir um pouco de nossa desabrida ambição e de tantos propósitos. Andando com tal velocidade que não pode ser antiga, e com um senso de real que não enlouqueceu. E se enlouqueceu, não se sabe onde.

E se a história passa todo o tempo escrevendo, deixou há muito de ver. E os artistas veem por ela. O pior é que ela parece não perceber. E se há alguns criadores que a constroem, outros são por ela construídos.

A história vai escrevendo e pronto. Alguns dizem que são meros rabiscos sem sentido, como os arabescos do vento sobre a areia. Mas dizem a respeito de tudo. Só tenho certeza de algo: a história continua e continuará escrevendo.

Por mim, não troco o reino que não tenho pelo cavalo que nunca alcancei. Não interessam os modelos que a história descreve ou pressente. Interessa este nosso viver, que é insubstituível.

E quem escreve "direito por linhas tortas" não é a história e muito menos Deus, como soem enunciar. Pois Deus escreve por linhas muito justas, certas, irrevogáveis, embora as julguemos tardas. Deus escreve quando apenas depois se descobre. Por não estarmos atentos aos sinais, nem aos mistérios. Ou talvez porque escreve da eternidade que é bem mais dilatada do que o tempo. Mas escreve com tal exatidão, que nada mais pode ser corrigido. Escreve por dentro de nós com letras inapagáveis, como se escrevesse por fora.

Ademais, quem escreve por linhas tortas são apenas os nossos obstinados sonhos. E tanto insistem em nós, que neles, seduzidos, terminamos encantados. Ainda bem que apenas no prazo de seu sortilégio.

A fala da sombra

Ninguém está isento de ser ofendido. Ou atacado sem motivo na via pública. Se um cavalo nos dá um coice, daremos um coice no cavalo? E a agressão pode ocorrer mais por nossas qualidades, do que pelas falhas. Ou nos açoita o preconceito, ou mesmo a inveja de quem se enferruja com a alegria ou o talento. Quando a mediocridade é realçada.

E como viemos para perturbar, iluminando, há que ser fiel à voz interior que nos rege.

Ao mundo das artes, ou da dita intelectualidade, nem vale referir, de tanto que se sofre — não só as parvas conspirações cotidianas, como os pequenos crimes tecidos na fala da sombra. Com a raiz da maldade. E a maldade não é inteligente. Se o fosse, não seria maldade.

E isso se dá também na esfera espiritual, havendo os que não suportam até nossa boa relação com Deus.

Para alguns, portanto, a autenticidade é perigo; a bondade, desequilíbrio; a limpidez, um erro; a lealdade, extravio; o afeto, desencontro. E o sonho, ao ser jubiloso, é delírio.

E vivemos no universo o tempo de civilizar a infância, civilizar a alma no convívio, para impedir a barbárie, ou para que o lobo não seja confundido com o cordeiro.

Ainda que Michaux, o escritor francês, afirme que "a existência das ovelhas é que cria o aparecimento de lobos", isso não quer dizer que não abominemos os lobos em qualquer campo, ou floresta. Conhecendo sua inegável estratégia, a da emboscada. Na verdadeira luz não surgem lobos. E, iguais às enguias e víboras, que morrem quando dão cria: as palavras, para os que não sabem prudentemente segurá-las, causam penosos danos.

E o jogo do lobo e do cordeiro prossegue, como na fábula de Esopo, aquele querendo devorar a esse, não por ter justificativa, mas pela própria natureza trituradora. No entanto, penso com Paul Valéry: "Um leão é feito de carneiros devorados."

Certo amigo, a quem muito prezo, disse-me, numa ocasião, que eu não tenho dolo. Acho que não. E se possuo antenas certeiras, é para detectar o mal, de ouvido. Sendo, no dizer de Voltaire, "o ouvido, o caminho do coração", quando o coração também tem ouvidos.

Aprendendo a tolerar, como admoestava Machado de Assis, "a cólica do próximo".

As muletas da civilização

"Estaremos condenados, para sempre, a comer as migalhas do banquete da civilização?" Talvez, hoje, não devamos comer as migalhas, por ser prato requintado; mas, com a dificuldade de locomoção de nossos sonhos, estamos condenados a carregar as muletas da civilização. Porque ela caminha mal, caminha de lado ou de pés tortos. E vive a resvalar nas pedras ou vagueia engessada nos velhos escombros da memória. Ou já nem temos mais memória, andamos de costas diante do mar que vai de frente — ao menos este oceano da Urca, onde resido, oceano que avança com as ondas e garças.

No poema, o verso envelhece, jamais a explosão da inadiável Poesia. E a letra, tão visível em tantas manifestações contemporâneas, sem a dimensão do espírito, mata, entorpece. E a civilização apenas letrada, sem perspectiva maior do universo, somente desequilibra. Raciocinamos demais, cogitamos demasiadas doutrinas, mas a razão é o corte do limite. E existimos com a muleta das severas considerações: perdemos o sentido das coisas, ou as coisas se perdem em nós.

Há um cemitério de navios na esperança. Mas a alma voa com as pombas.

O escritor americano Mark Twain chamou a nossa civilização de "ilimitada multiplicação de necessidades desnecessárias". Não, não precisamos de pernas, usamos absurdamente muletas. Talvez elas sigam sozinhas, sem nós. A mediocridade, a banalidade, a falsa informação, a empáfia — não se trata da invasão de tigres, mas de percevejos. Ou muletas da incapacidade de pensar, intuir, inventar. Porque a máquina é o último reduto de nossa epidérmica inteligência. E cogitamos ainda, na busca de inocência, a civilização da infância.

Joyce, o mais orgulhoso do século

"James Joyce: o homem mais orgulhoso do século, porque quis — e em parte — alcançou — o impossível (...) Nunca transigiu com o leitor e não estava disposto a ser legível a todo custo. Culminar na escuridão." Assim escreveu Cioran, o pensador romeno, num de seus *Cadernos*.

E percebemos a verdade. Joyce não só criou um dos livros mais difíceis, com mescla de línguas e símbolos, metáforas e achados verbais, que é *Ulisses*, como também inventou outro, mais obscuro ainda, praticamente intraduzível, apesar das várias proezas que ficaram muito aquém do original, que é *Finnegans Wake*. Talvez quisesse com suas ardilosas palavras criar para si um esconderijo não encontrável pelo resto do mundo. Ou que fosse tão mítico e desafiador que poucos tentassem sua descoberta.

Tinha o prazer de uma feroz inteligência para si mesmo, o estuante ludismo de vocábulos em rio, em fluxo, em voragem e em nada. "A estrutura da influência literária é labiríntica, não linear" — observa Harold Bloom, o notável crítico americano. E a sombra observada por ele, sobre Joyce, é a de Shakespeare, tão forte que dela nunca se libertou. Se Picasso afirmava não se preocupar com as influências que recebia dos outros, preocupando-se com seus efeitos sobre si mesmo, Joyce é um caso de invenção de um casulo, onde o eu da linguagem era-lhe cada vez mais influenciável, impositivo, a ponto de o pesadelo de Dedalus, seu personagem, ser o seu próprio, inseparável. Escrevia, como Harold Bloom constatou, mais para os ouvidos do leitor, do que para os olhos. Sendo *Ulisses* um poema dramático para vozes. E as vozes sempre mais estranhas ou patéticas.

Jorge Luis Borges confessou não haver entendido *Ulisses*, embora admirasse a obra anterior do autor, *Dublinenses*. E, se o texto não é para ser entendido, para que serve?

Flaubert observou que "a prosa nasceu ontem. O verso é, por excelência, a forma das literaturas antigas. E a novela espera o seu Homero". Só que nem Flaubert conseguiu, nem Joyce, que fazia questão de ser difícil e teve assim mesmo protetores como Ezra Pound, ou a mulher que o editou. Amava a treva textual, como segundo leito de suas imaginações. Não deu trégua aos leitores. Não sei que portentosa ironia ou loucura o separava do gênero humano. Alguns o comparam com o nosso Guimarães Rosa, no que tange à invenção de vocábulos. Mas não há que esquecer que, em Joyce, há uma obscuridade que se fecha sobre si mesma como uma concha, e, em Rosa, as palavras que inventou parecem já estar inseridas, naturalmente, na fala do povo, no sotaque caipira dos Gerais, com a criação que se abre, generosamente, para o cosmos. É verdade que Joyce continua como um cimo, citadíssimo, desconhecido, muito bafejado de glória, tido como alto gênio (o substantivo não lhe bastava). E se era a solidão que almejava: conseguiu. E é pouco visitado.

A alma não tem divisas

O relato é de Nelson Rodrigues em *O reacionário — memórias e confissões*: "Segundo Otto Lara Resende, não se deve mexer na alma. E fui mais longe, ao observar que a análise é um risco de vida, uma janela aberta para o infinito. Tudo se torna maravilhosamente possível. Eu conhecia uma menina, delícia de garota, que com três meses de análise queria matar; em seguida, quis morrer. E uma noite ia despejando água quente no ouvido do marido... Segura de si, respondeu a grã-fina: 'Não há esse perigo.' E acrescentou: 'Amo o meu marido.'"

Sim, não se deve mexer na alma, embora a alma sempre mexa conosco. E tenho ouvido as pessoas dizerem, como se fosse um fato de ascensão social, olha, vou ao analista, ou voltei do analista, e continuam obsessivamente a girar em torno do próprio umbigo, como do Triângulo das Bermudas. Porque o "eu" é absorvente, tirânico e há muito perdeu o discernimento, ou a paciência de tentar acertar a bússola.

A alma humana é sensibilíssima. Igual a um fio exposto, pronto para o elétrico choque, sem possibilidade de culpa. Qualquer gesto externo pode abalar seu sistema digestivo. Ou a respiração cósmica, ou dar gastrite aguda. Alma é coisa de não se tocar, apesar de Freud, estilista de gênio e precursor do abismo, que, aliás, sempre existiu, bem antes dele. Ainda que, biblicamente, um abismo chame outro abismo.

Mas a imbecilidade ou a palermice humana não têm divisas. Não por procurar um analista e sim por julgar que vai mudar de alma.

Alma pode mudar de sonhos, desejos, ambições, não muda de casa. O que pode mudar de casa é o abismo em nós. Inescrutável. Com o detalhe de ser bem maior do que a casa.

Paul Valéry, que se distinguiu pela lucidez, advertia: "Dentro de mim há um imbecil. Devo tirar partido dos erros que comete." E adiante refere: "Nem sempre sou da minha opinião." Poucos têm essa coragem, ou o tirocínio, ou a capacidade paradoxal de rir de si mesmos. E num tempo em que se vê o Legislativo, por exemplo, reformar a Carta Magna, em assuntos de interesse pessoal, mesmo que saibamos que a Constituição de um país é sua alma. Tocar nela pode engendrar graves conflitos sociais, se não presentes, futuros. Pois tocar em alma é tocar no corpo: ali, onde a ferida apalpada rebenta. Sendo o homem, para Machado, "alfabeto de sensações". E, as sensações, o alfabeto da alma.

Vale o conselho: pode-se tirar proveito dos erros, das obsessões, das desesperadas esperas, até dos possíveis enganos, mas não se deve jamais mexer na alma.

A sensatez e a loucura

Diz o D. Quixote de Cervantes Saavedra: "Eu fui louco, e já sou sensato: fui Dom Quixote de la Mancha, e sou agora, como consta, Alonso Quijano o Bom."

Alguns podem nos julgar loucos quando somos sensatos, e outros nos julgam sensatos, sendo loucos. A visão do próximo sobre nós pode ser míope ou preconceituosa, ou apenas talvez queira nossa cumplicidade no erro.

Mesmo que Swift ache que o poeta não é filho da sensatez, não assegura que seja filho da loucura. Ainda que haja uma dose de sensatez na loucura e uma dose de loucura na sensatez. Artista é o que sabe domar, harmoniosamente, uma na outra. Igual ao amor que suporta o infortúnio.

Biblicamente, na perspectiva do apóstolo Paulo, o que é loucura para o mundo é sabedoria para Deus, e o que para o mundo é sabedoria, é loucura para Deus. Assim, Dom Quixote precisou ser louco e cavaleiro andante, para, em artigo de morte, ser sensato e bom.

Há um momento na criação em que a lucidez é tamanha, que parece loucura, o delírio nos empurra no ritmo, a imaginação nos lê e de repente estamos acordados no sonho. Mas depois caímos na sensatez do dia, no raciocínio dos trabalhos e pesquisas. E somos então quotidianos como as árvores que vimos, florescendo, ao caminhar. Mas adverte Clarice Lispector: "A inspiração não é loucura. É Deus."

Não precisamos provar nada. E que ninguém nos cobre nada, por não possuir esse direito. É preferível, no entanto, que nos considerem loucos, do que indignos. Porque a verdadeira insensatez está na desconfiança e na injustiça. Isso, sim, desagrada aos céus. Convindo estarmos serenos com a descuidosa maldade, o coice na inteligência e a arrogância insensível de persistir no coice. Pois, como acentua Antônio Vieira, "os olhos choram porque veem." Mas de tanto ver, já não choram. E no dizer de Augusto Frederico Schmidt, poeta que merece ser recordado, "a amizade acaba, murcha, desaparece, tal como o amor, o amigo é uma raridade".

Se Dom Quixote alcançou a brandura e paz, voltando a ser Alonso Quijano, todos nós temos um Alonso Quijano na alma, íntegro, irrenunciável. E só alguns poucos, em instantes da existência, conseguem ser D. Quixotes.

Fellini, cineasta barroco

Minha admiração pelo gênio do italiano Fellini vem de há muito. Porque ninguém tem, como ele, tamanha noção das coisas da infância. Ou dos atavios do absurdo ou dos excessos e das magnificências, não se sabendo até que ponto ele poetiza ou satiriza. Os seus filmes são a carnavalização mágica, seja da religião, dos regimes opressores como o fascismo, seja da soberania materna, seja do milagre do circo, seja da neblina da eternidade, pela qual não se vê, como se a morte fosse. Ou nem ela, a teorização da morte. E passados tantos anos de seu falecimento, continua perturbador, clarividente.

Poucos, como ele, tiveram a coragem do delírio e o delírio da coragem, não só da *Doce vida* — não tão doce — ou do espetáculo pagão e decadente de *Satyricon*, ou do feérico e abissal navio de *La nave va*. As suas mulheres são grandes, bizarras, pantagruélicas, menos voluptuosas que maternais, ainda que resplandeça o lirismo do chapliniano *A estrada da vida*, com a fiel Cabíria, sua invencível inocência. Ou o instante em que o personagem se debruça diante do mar, como nós nos inclinamos diante do desconhecido. E criar é isso.

Seus filmes têm o ornato barroco, a suntuosidade do absurdo, a poética do desamparo, com as obsessões sempre crescentes de um menino que nunca amadureceu, nunca desejou que o seu mundo mudasse, com o grotesco (de novo Rabelais!) da penúria e dos gestos que não cabem dentro da vida, não podem caber nunca. Porque a vida nunca busca explicação, nem carece dela, já que apenas vivemos. E a vida nos carrega.

É essa a linguagem visual fáustica do universo de Fellini, e a valente insinuação de habitar a loucura sem precisar dela; de habitar o amor sem perder a magia; com visão devastadora da realidade que não conhece concisão, mas é densa, luxuriosa, excessivamente trágica e burlesca. Tal se desabotoasse, com seu excesso de claridade, alguma indizível sinfonia, com o pensamento correndo atrás das imagens. Cheia de fantasmas que brotam um do outro, de máscaras que não se desfazem, de sonhos que terminam inefavelmente em pesadelo. Cinema como documentário do terrível e visionário, cinema como música, até as profundezas do precipício da alma. Com as sombras sonoras se voltando à caverna da ilusão humana. E um senso do poético que arrebata, como se, no lume de ver, estivesse nos enxergando na fragilidade e na grandeza. Sim, Fellini é o pesadelo generoso, fatal e egoísta deste tempo. O seu costumeiro fabular de si mesmo, o falar da infância (com narrativas como a de ter escapulido de um circo quando criança), sua ironia, certo humor, carregado de sortilégios, desatinos e devaneios, habitando o arrabalde do amor, fala de todos nós.

A invasão do barro

A tragédia é o que não se aprende. Tivemos o espetáculo sombrio de Mariana, com o soterramento de uma cidade, com morte de pessoas, animais e peixes. Agora, poucos anos após, em Minas de novo, explode a represa de Brumadinho.

Há invasão do barro na política nacional, o barro afogando tantos homens públicos, com a corrupção, a rapinagem cívica, o rompimento da barragem da república. Contudo, exsurge este outro barro engolindo vidas. Porque a tragédia é o que não se aprende. Quantas barragens teremos de ver romperem-se, os diques de nossa imóvel paciência? Sempre as mesmas explicações inexplicáveis. Com mortos e desaparecidos. Porque o barro com rejeitos é mais impiedoso do que aquele de que somos feitos. Por haver restado nele ainda o sopro.

Sim, os mortos discutem com os vivos. As famílias enlutadas e o barro da agonia, o barro da negligência industrial, o ferro ardiloso do nada.

Choramos juntos tantas perdas, tanta calamidade. Porque a natureza ferida, descompassada, imita a imprevidência humana. E a tragédia se repete, com iguais circunstâncias e repercussões maiores. E muitas lágrimas não bastam. O desastre da fauna e da flora, a lama enrijecida.

A restauração plena do rio Doce ainda não se deu. E as causas na justiça se enrolam nos meses e anos, mais ajudando aos agentes delituosos, com o transitar do tempo, do que ao resultado funesto, a brutalidade do crime. Ou remissão das vítimas.

Nosso povo é solidário, Minas é solidária. Mas Brumadinho está inerte, é mais do que bruma, é implacável lama. Onde a morte aumenta, sem cauda.

Leitores, choramos sempre depois do leite derramado, agimos depois de derrubada a porta. Não prevenimos. A fiscalização, em regra, é sufocada pelo poder. E esta economia do desastre não possui nenhum juízo, nem a punição suficiente aos descalabros. A tragédia só ensina, não aprende.

Arte do cálice, ou como morar em casa

Disse um grande poeta espanhol que conheceu o exílio, e afirmava que "nenhuma pátria suporta os seus poetas vivos", e repito. Mas disse o mesmo Cernuda que "a formosura é a paciência". O mais é desgaste. Fealdade ou pesadelo.

E se "a felicidade é não ser proprietário de casa", para o filósofo alemão Friedrich Nietzsche, há que morar nalgum lugar, morar nalguma espécie de brandura ou sossego, já que moramos na terra e ainda não conseguimos morar nas estrelas. Moramos de não morar.

Essa "casa" é a nossa ocupação, o espaço em que exercitamos a empreitada de estar vivo, sempre em serviço de algo maior do que nós. Pois somos o que nos ultrapassa. Criamos respirando na espera do que é residência dos sonhos, locação de amor e trabalho. Theodor Adorno defende a hipótese de não estar em casa na própria casa. Por sentir-se sempre perseguido e estrangeiro. Mas, se moramos no nada, a nossa casa é o mundo. Se moramos na paz, nossa casa é a eternidade. Mas no que moramos, se até em nós somos estranhos?

Às vezes, percebemos que alguém detém certo cálice de governo, que não é para si, mas do povo. Detém apenas como a árvore a seus frutos. E sabe que a essência do cálice não lhe pertence. Porque o poder passa. Ao ter a momentânea disponibilidade, segura o cálice que começa a derramar. E ao dar de beber, o conteúdo é tardo, ou tem borra no fundo. Porque a morada é de passagem num tempo, que não cabe mais prender. E há os que, inadvertidamente, acham ter o prazo nas mãos. Esperam demasiadamente, até que ocorra a explosão dos acontecimentos. Então a solução é mais difícil, o problema se agigantou. E não foi suficiente avisar, ou prever as circunstâncias que evidenciavam o perigo. Que nem sequer se escondia atrás das moitas. E qual a vantagem do adiamento? Se a mó é carregada para fora de algum sítio, ali já não se ouvem os ruídos da semente. E a semente é o que vive. Cansamos dos que só se especializam no possível. E se "a formosura é paciência", o limite da paciência vai apenas no contado limite da formosura. O mais é perda.

O cansaço humano

"Sucede que me canso de ser homem" — escreveu o poeta chileno Pablo Neruda. Muitas vezes sucede esse cansaço. Por vivermos entre lutas e tribulações. Ou o destino é estranho, não conseguindo entrar na nossa razão diante da morte e seu mistério. Observava Jorge Luis Borges que sabemos de nosso nascimento, não do dia de nossa morte. Porque atrás disso tudo está a luz da Palavra e a ciência de Deus.

Há menos de mês, soube da morte de um amigo próximo. Sonhava muitas coisas e as coisas fugiam. Tinha alta ambição e contava, às vezes, com o peixe no mar, quando é preciso antes pescá--lo, ou o anzol é mais curto do que a realidade no desígnio. Ou a imaginação é mais poderosa do que os fatos. E ao alcançar algo que desejara, era o coroamento de seu trabalho e generoso esforço, teve um ataque fulminante no avião que o levava ao cumprimento de um sonho, em Brasília.

Quando caminho pela Urca, que ele amava, recordo sua lúcida e fraterna figura. É o cansaço, leitores, de andar no curso do mundo ou das ilusões, o curso das esferas, inda que a esperança adoeça.

A república se move, a confiança vaga na gangorra das promessas futuras. E os dias correm velozes, com a rotação da Terra que vai desequilibrada ou ferida.

Suporta-se o existir, olhando o que passa. Com os anos e a idade, ficamos sobreviventes e nossos companheiros somem, aos poucos. É um cansaço ser humano, mas há que resistir, há que amar o que recebemos de dádiva, ou graça. Continuar a continuar. Somos de tempo e a imortalidade emagrece. Só Deus é definitivo.

A felicidade do bem-te-vi

Surgiu meu amigo bem-te-vi no parapeito de minha sacada, e não está preocupado com as negociações do Governo Central com os estados — quando a União gasta excessivamente e os estados negociam as migalhas da república com um ministro da Fazenda que se irrita, como se não tivessem parte no país. Nem o bem-te-vi padece de imposto de renda, que é excessivo e injusto, por não devolver beneficência ao povo. Mas a Nuvem me ensinou a conversar com o bem-te-vi, não tendo metafísica alguma para lhe dar, nem deseja, salvo o resto de pão que ele mastiga, satisfeito.

Não percebe o que sucede em torno e como os homens vão perdendo o sentido das coisas, ou nunca o tiveram e não somos nós que vamos revelá-lo. Ou as amizades que terminam porque nunca existiram, já que o verdadeiro afeto não envelhece, como a luz não envelhece. Ou como o mundo contemporâneo e materialista se comporta com a criação e a sensibilidade. Igual à raposa com as uvas da fábula, que não consegue alcançar. E verde é a árvore da vida — advertia Goethe —, e castanhas as teorias. Ou até às vezes obscuras.

Não falei ao bem-te-vi o que achava deste governo e nem adianta achar: ou que morde e assopra, ou morde como se assoprasse — com reformas avançando na fixação do Teto até o ano de 2020, como se o tempo parasse. O bom é a natureza, onde não é preciso reformar as estações, nem os climas, nem o vento, ou as árvores. E disso o bem-te-vi entende com a profundidade estranha aos homens. E não discute sobre o poder: voa e pronto.

Falei então ao pássaro sobre o encolhimento do Brasil e das editoras e das livrarias, não havendo quase mais espaço à cultura, e o pássaro me deu de ombros, porque o céu não encolhe, continua o mesmo, não querendo opinar sobre tais coisas humanas, quando se angustiava com a fome e nem sempre havia alimento, ou insetos. E considerava os homens perdidos em tantos motivos que se esboroavam no espaço, com a prepotência, a manutenção do governo a qualquer custo, o egoísmo, a dita sapiência, a altivez de não ouvir os outros, a palavra que não valia nada, quando a dos ancestrais era como documento. A falta de esperança no porvir, e a falta de porvir na esperança. A sedenta busca nos computadores, quando a busca era na vida. Os sonhos que não chegavam a brotar como ramos de rosas no jardim, o amor que não sabia se economizar de mais amor.

Fui muito longo na contemplação do bem-te-vi que comeu vagaroso e foi esquecendo qualquer meditação sobre a existência, a política ou a morte. Com olhar transeunte de quem achava tais divagações supérfluas diante do universo que se movia irrevogável, além da vontade dos seres e dos planetas. Mas aquele bem-te-vi, que pousara em minha varanda, na sua fragilidade, reparara a estranheza dos homens, desprovido de tudo, possuindo tudo. Cidadão do ar e da brisa, livre, livre, lembrou-me a máxima de João da Cruz, que sustentava que, "para chegar a tudo, é preciso passar por nada". E jamais tentava filosofar, por sobreviver apenas.

Abismos

Paul Valéry, poeta cujo gênio se expandiu em *Cemitério marinho*, foi um dos críticos mais lúcidos e severos do nosso tempo.

Atestava que "os abismos se parecem, mesmo que as vegetações sejam diferentes".

Ao se parecerem, se atraem. Mas as formas com que se apresentam, externamente, diferem.

Quantas vezes nos perdemos nas circunstâncias, ou as circunstâncias se perdem para nós — como na infância, quando ficávamos com medo de que caíssem, entre os saltos, no circo, os saltimbancos. E a arte deles era o equilíbrio.

Mas viver é um abismo. "A alma humana é um abismo" — advertia o lusitano e universal Fernando Pessoa. "E um abismo chama outro abismo" — lemos num dos Salmos.

Assim o convívio humano se entrelaça de abismo a abismo. Desde o sonho ao conhecimento.

E talvez o conhecimento não passe de uma pungente dor. Por ser a perplexidade sua soleira. E diz Hölderlin, o poeta alemão encarcerado na loucura: "Ali onde está a dor, está também o que salva." Porque o preço, no sentido de eternidade, já foi generosamente pago. Basta que, ao designar, nos demos conta.

Há momentos em que as coisas se agigantam e somos pequenos. Ou as coisas tomam os contornos da realidade e somos as coisas. Ou nos confundimos com o universo ao redor, como diante de uma montanha. Mas nenhuma montanha é mais vasta e elevada do que a que nos leva ao país desconhecido, onde o sol move o céu e os demais astros (assim afirmava Dante).

E se viver contando ou cantando é levitar, Graham Greene nos consola, revelando que "no fundo de nós mesmos sempre temos a mesma idade". E se esse abismo é nosso, mesmo sem saber, nos carrega, enquanto persistimos vivendo.

Até que descobrimos que Deus está em tudo e nos ronda com sua paz e cuidado, junto às "pestanas da alva". Nos envolvendo sob as asas. Numa orquestra, onde Ele "toca de ouvido". E o nosso ouvido se abre como concha, ao ser pela luz tocado.

E gritamos com as estrelas porque somos amados. Ou nos sentimos controversos, aterrados diante de um abismo sempre maior, intransponível. Só medido em claridade. E é o abismo de Deus.

Um boi na praia

Um jornal do Rio de Janeiro noticiou a respeito do boi Itapoan: escapou de uma feira de Agronegócios em Salvador, na Bahia, vagou vários dias pela cidade, acabando por morrer na praia de Stella Maris. O animal, de 600 quilos, estava estressado com o confinamento, por haver sempre passado a vida solto, numa fazenda.

Banhistas na praia tentaram ajudá-lo. Inutilmente. Uma hora depois morreu no mar.

O boi não estava mais acostumado à ausência da liberdade. Fugiu da feira, onde o prenderam. Saiu livre, continuou livre até o oceano e nele mergulhou. Talvez cogitando, instintivamente, que o mar era a possível e arrebatadora liberdade. Porque os homens não sabem nada dos animais, quando os animais conhecem os homens.

O boi foi caminhando água adentro, como se andasse na fazenda, que era seu território. O mar não tem fazenda, tem horizonte, e fundo. E o bicho naufragou, foi engolido. Não sem se achar pleno, sem a prisão do dono.

Percebemos, leitores, quanto a liberdade é preciosa para nós, e não compreendemos quanto um animal — que julgamos irracional — ama a liberdade e estranha o cárcere, seja de quem for, mesmo do seu dono. A busca de liberdade tem algo de irracional, não argumentável, ainda que muitos suscitem teses ou palavras sobre ela. E é tão sagrada, tão desejada e indispensável, semelhante ao ar que se respira e ao alimento que se come.

Itapoan, o boi, não quis perder o que conseguiu no pasto e no sossego, não quis trocar o que possuía, por uma coisa que lhe fora posta arbitrariamente. Talvez tenha frequentado a escola da campina, sendo um boi alfabetizado. E não se sujeitou ao cativeiro e era imenso, poderoso, e morreu sem extraviar a grandeza de sua liberdade. Diz a notícia do jornal que os banhistas tiveram misericórdia dele, mas o boi foi resoluto para outra dimensão, entre os companheiros peixes e as ondas. Não se encontrando agora mais solitário.

O porão do possível

A palavra "porão", para mim, se alarga na imaginação. Porque, para ela se alçar, basta um vocábulo, um sopro, um simples movimento prosódico, e lá se vai. Porão é quando a infância se recria no mistério dos velhos alfarrábios, velhos móveis, ou pastas de recortes esquecidos. E os porões podem ter limites físicos, o que não obsta que os cogitemos sem limites. Porão é o subterrâneo, debaixo da fundura das águas. Ou o casulo das metamorfoses da criação.

E, leitores, quantas vezes os porões foram esconderijos durante as guerras, ou refúgios de prisioneiros perseguidos, ou invenção menineira de escapar da dura realidade dos adultos.

O porão da memória é o mesmo do esquecimento. E esquecer, muitas vezes, é a melhor forma de conseguir sobreviver. A semente não esquece, leva junto a sua seiva. Nem a seiva esquece de crescer a partir da semente. Mas o homem precisa da lembrança, como precisa do esquecimento.

Não há remorso ou culpa que resista na luz. Quando a clareira se abre, entre as árvores, não há escuridão que prospere. Todavia, carecemos de escuridão para dormir. Há pessoas que põem tampa nos olhos e outras que põem tampa na alma.

Sempre acreditei que o inconsciente é mais poderoso do que o consciente. E que está no bojo da criação. Recordo que certa vez retirei poemas de um livro, porque os achava excessivos. Revisei, no caso, *O livro de Silbion* (1963), suprimindo versos. E curiosamente, retornaram e pediram existência durante o sono. Obedeci. Porque — dizia Mallarmé — o mundo é colocável num livro. E o livro pode ser o mundo. Sim, é o porão do possível.

O vazio e o silêncio

Outro dia meditava sobre o silêncio. Quanto é duro. Se omissivo, nos cobra; se judicioso, nos pune. Não tem boca e fala; não tem ouvidos e ouve. Assusta, ou atordoa.

E talvez seja o argumento mais convincente, ou a realidade mais atroz.

Dei-me conta de que, perto, Letícia, a Nuvem, me olhava, atenta. Lendo o que ia escrevendo. E não se satisfez de me contemplar. Indagou: Como estás a fazer uma crônica de vazio e silêncio?

Continuei escrevendo e ela persistia perplexa. E a deixava, tenazmente, em silêncio. Escrever era minha obstinação e ao escrever ia descobrindo o que ele significava. Dizem os levantinos que a palavra que reténs é tua escrava, e a palavra que pronuncias é tua senhora. Todavia, calar é penoso, quando se pode dizer. E dizer é mais penoso ainda, quando se deve calar.

Depois deparei com a frase do sábio inglês que era Francis Bacon: "Nada é mais vasto do que o vazio." E o vazio é o lugar do silêncio, e o silêncio, o lugar do abismo. O vazio é inteiro, como o nada. Porque o vazio só logra ser preenchido por Deus. E quanto mais vazio, mais sede e fome de Deus. E a Nuvem me tocou no braço esquerdo, alertando-me. Ao me virar, percebi que voava. Eu não alcançava voar, não alcançava segurá-la. O silêncio era um círculo entre nós. Após, também compreendi que o silêncio voava. E era o tempo de estarmos juntos. Aquele instante, praticamente plantado em mim, como semente. E entendi que o silêncio é plantável, mas não frutifica. Vai se alongando dentro da semente, de forma surda, implacável. E o que me cabia, senão calar? Era como se contivesse um grito branco, igual à Nuvem voando.

Entre o poema épico e a ficção

Com os primeiros grandes poemas da *Ilíada* e da *Odisseia*, Homero demarca o princípio do romance. As narrativas do genial bardo movimentam-se nas imagens, nos personagens e na ação heroica. E o romance será grandioso e belo, na medida em que valer como poema. A ponto de hoje considerarmos Dostoiévski, por exemplo, sob a ótica da "poética do romance". E é caso, entre nós, de Guimarães Rosa, Clarice Lispector, ou J. Veiga.

Luis Sepúlveda, romancista chileno, autor de um livro mágico — *O velho que lia romances de amor* —, admite ser "impossível escrever um romance ou uma novela, se não os pensarmos como poema".

E acresce:

"Há uma grande discussão: o que é a *Ilíada* — um poema ou um romance? Creio que Homero tinha a certeza de estar a escrever um romance, mas pensava-o como um poema." (*Jornal de Letras*, 18 de junho de 1997, Lisboa.)

Esse depoimento registra a experiência do leitor de *Grande Sertão: Veredas*, que verá o livro se abrir como rapsódia, na medida em que for utilizada a oralidade, porque as palavras tomarão a vida original e o grande tema é o do universo que se expande na palavra — talvez até protagonista central do Sertão. O que é um retorno ao épico, quando os aedos atravessavam a Grécia, relatando os feitos gloriosos dos heróis. Se observarmos *Grande Sertão: Veredas* como mural, teremos sua verdadeira natureza.

Interessante é que a melhor literatura na África, hoje, prima pela oralidade. Existe, no entanto, certo preconceito de burocratas da crítica que tendem a separar, em compartimentos estanques, os gêneros literários, sem reparar o que vige na mais alta criação contemporânea: a fusão entre romance e poesia, ou, outras vezes, diário, ou ensaio (Borges é modelo do conto no ensaio e vice-versa).

Aliás, é comum a todos os textos literários a forma de poema, deixando que haja a integração do povo na fala ou nos inventados provérbios, que não ficam à parte da invenção da linguagem.

Dentro da perspectiva que o nosso famoso cineasta Glauber Rocha sublinha: "Todo um povo pode ser criador, artista — e este seria o sentido total de uma revolução."

Muitas vezes nos preocupamos com a renovação do romance. E essa — queiram ou não alguns — passa, necessariamente, pelo poema. Pelo trabalho da linguagem. E, como diz Jean Cocteau, "com a mensagem que diz sempre a verdade".

Moitas

"A grandeza não tem moitas" — dizia um amigo meu. No entanto, via moitas na pátria, moitas na vida e nos sonhos, moitas na dita democracia. E temos ganas de ver a luz sem sombra, a luz sem intermediação de folhas e arbustos. A luz total das coisas.

Até na esperança vislumbram-se moitas. Porque o que é humano não é completo. No fundo da alegria, a tristeza. No fundo do afeto, o desamor. E às vezes os sonhos são mais reais do que o cotidiano, pois, como anotou Jó, "Deus fala quando os homens dormem e dita sua vontade". E a nossa esperança que um dia o sonho nos acorde de Deus. Porque — ainda bem — os sonhos não são medidos com a realidade.

Mas, sim, amigo, a grandeza não precisa de moitas, nem desvios, nem de manipulações. Existe como uma pedra no sol ou o sol na pedra. E pronto. Não se discute. O mais pode até nos gastar devagar o raciocínio.

Ser humano num mundo feroz já é grandeza. Amar o próximo — não com palavras, mas com ações —, servindo, nos eleva a uma dimensão mais alta. Criar o que nos transcende, criar mesmo que ninguém perceba ou valorize, por confiança no futuro. E ir esquecendo os agravos, cortando o mal com raiz da bondade. Saber que a palavra nos cria, saber que nos leva ao desconhecido sem a sombra do medo ou do desespero, é de indizível contentamento. O maior, o de estarmos com a mão de plantar a palavra, de a semente ter a certeza da árvore. E ser a árvore pavio da aurora.

Não nos cabe requerer de ninguém, nada. Que nós próprios nos limitemos a sul, a norte, ou oeste. E basta que sobrevivamos com dignidade. O mais, qualquer gesto que ultrapasse a isso, é dádiva; às vezes, sobressalto. Até o mais pequeno é útil, tudo tem sua utilidade. E se vai existindo de tanto resistir. Porque o amor resiste. Até às maiores calamidades.

E, se não queremos as moitas do universo, queremos o universo. A luz da luz inteira.

O burro do futuro

Escrevi esta crônica e acho que o futuro não gostou de ser chamado de "burro". E zurrou no meu computador ou ventou e de repente se extraviou. E eu, que sou perseverante, insisto com o tal burro: agora ele subirá a ladeira e não me criará mais transtorno. Porque, leitores, as palavras precisam ser beatificadas de mistério, ou é ele que reveste a sombra das palavras, para que não duvidemos mais do que está sendo criado.

Todavia, jamais tive o burro como animal inferior. Ou ignorante, ou suspirante de dignidade. O burro é lúcido e resistente. E às vezes mais inteligente do que o homem que pasta a verdejante grama, pascendo empáfia, sonolento poder ou burocrata indolência. Quantas repartições são paquidermes, cultivando a intolerante demora nos trâmites. Ou quanto a justiça se atrasa e os processos se amontoam nos armários, com a bonança jurisprudencial dos anos, como musgos ou ninhos de pássaros. Com a tonitroante lei do menor esforço. Aliás, conheci um magistrado do interior que alardeava ser "a lei do menor esforço a que governava o universo", e não era o nosso cantante universo, mas o dele.

Sim, encolhemos de futuro. Entretanto, se o chamamos de "burro", é porque nos carrega, vagaroso, pelos dias. Talvez o reconheçamos pelas grandes orelhas, sem o espanto com que o genial Jonathan Swift reconhecia alguns reis na sua época.

O poeta Paul Valéry é dúbio quanto ao porvir. Alega que não é como antes. Mas não sei como o futuro era antes ou continua sendo no instante seguinte e após a nossa existência. No entanto, leitores, ao burro conheço e pressinto que no seu lombo as léguas desaparecem. Ou é capaz de um peso tamanho que nós humanos temos dificuldade de transportar. Quando padecemos o que nos resta e ainda não alcançamos ser gratos pelo pouco de terra que nos leva. E por mais que o tempo passe, por mais que desconheçamos o que vem, o burro do futuro, mesmo que moroso, é o que amorosamente nos tolera.

Memória dos trens

É dos trens que vem certa insônia da infância. Lembro do tempo da adolescência, quando meus pais tinham casa em Gramado, no Rio Grande, nos fundos do Hotel Candiago. Como gostava de percorrer os trilhos e ir me equilibrando, como se eles, não eu, tivessem pernas. A estação era perto; assistia o retorno paterno nos fins de semana e a espera de notícias, a expectativa também de abraçá-lo. Chegava com sua pasta, igual a um caixeiro-viajante.

Os trens apitavam dentro das noites e as noites silvavam dentro da imaginação e sem querer viajávamos pelos vagões. Foi como conheci quanto o impossível tem trilhos e é apenas o aguardo na estação.

Certa vez, tomado de enfermidade, andei num trem — de Gramado a Porto Alegre. A febre ressoava no percurso, tinha relógio, paragens, rodas. Ou era uma imensa roda girando na minha cabeça adolescente.

Mais tarde, tive igual impressão, só que sadio, aceso, numa viagem de Paris a Lisboa, com leito, restaurante, mas sem sono algum. Ou talvez o sono vazasse pela janela, a paisagem e os trilhos.

Não sei quantos sonhos me aturdiam, não sei que esperança tormentosa do futuro, mas sei ainda o guinchar do apito e das máquinas, como o andarilhar de elefante na selva. É lógico que não perdi a ternura pelos trens e lembro o lancinante gemido da locomotiva, tal se fosse o bramir da espécie. Nem esqueci daquela febre, que parece continuar-me quando crio, ou quando o amor desce sobre as pálpebras, no imitar de borboletas, pois o trem sou eu por esta vida, este andar que balbucia na espera, este balbuciar que bufa, igual à máquina, numa travessa de caminho. O trem das coisas que doem, o trem de uma fé que não terminou na infância. Com o bradar de Oswald de Andrade: "O trem divide o Brasil, como um meridiano."

O preço da grandeza

Paga-se pela grandeza, bem mais do que ao amor. Paga-se pela luz muito mais do que pelas trevas, porque as trevas se unem contra a luz. Quando a escuridão tenta invadir a consciência do mundo.

Nada nos é dado sem cobrança, salvo a graça. Até a vida se paga de viver. E a morte de ir morrendo.

E a inveja persegue a grandeza, a hostilidade persegue o talento, e razão tem padre Antônio Vieira: "Mais vale um áulico na corte, do que um guerreiro no campo de batalha." Aliás, a corte se aborrece com os verdadeiros profetas e rejubila com o elogio, a aceitação passiva, o bater de palmas cintilantes.

O político reina, a razão prolifera, os sonhos morrem de inanição, o autoritarismo viceja como a erva ruim no campo. E mal se ouve o ruído do moer das sementes. Sua roda enferruja ou apodrece.

No poder os amigos desaparecem, os gestos de coragem somem. Uma vista não sabe nada da outra.

E me recordo de Luís Vaz de Camões, gênio imenso da literatura de língua portuguesa. Sim, pagou muito caro. Foi esquecido do rei, foi esquecido da fortuna, cantou como ninguém sua terra e se viu ignorado. E foi maior do que Fernando Pessoa, que veio depois e se denominou "Super Camões". Humilde, sabia que o idioma dos feitos de seu povo sobreviveria nos versos. Teve a glória fria e tarda, como cegueira num dos olhos. Porque os olhos todos eram de uma alma mais vasta do que as navegações e o destino.

Chorou de haver existido em época obscura, de haver sofrido o peso da miséria, o peso de uma poesia altaneira, pura. E hoje vemos seu túmulo no Convento dos Jerônimos, em Lisboa. Todavia, não é ali que se encontra. Gerou nova memória, nova infância. E foi sozinho uma pátria.

Pátria do caminho

Pablo Neruda, o imenso poeta chileno, escreveu: "Minha pátria é o caminho." E o caminho não deixa de ser a pátria de todos nós — queiramos ou não. Porque não fugimos dele, se está no que, cada dia, respiramos. Andando. Até a casa final. Quando enfim poderemos exclamar: Chegamos!

Recordo-me de Paulo, o Apóstolo dos Gentios, que ensinava "o caminho" anunciando-se como "um embaixador em cadeias". Porque era embaixador dos sonhos de Deus. E os sonhos de Deus não param. Com o advento de um Avivamento, jamais conhecido antes na história da fé. E, se não percebemos, não quer dizer que a luz não persista falando com a escuridão. Como a água da fonte na pedra. Ou a falante pedra na água.

Entretanto, muitas vezes vamos pelo atalho, onde nos extraviamos. Ou no precipício, onde perdemos identidade.

Ser é caminhar na luz. Por não nos conformarmos senão em caminhar dentro dos seus passos. Se viver é o ato mais completo da criação, só tem sentido em Deus, que se revela a nós. Ou que trabalha o barro nas funduras. Ou o vento nas árvores.

E caminhar não se aprende só de ouvido, aprende-se de andar, sofrer, desentranhar o coração das coisas. E ousar viver até o grito, o desconsolo ou a mudez dos ossos. Há os que nascem apenas pela sombra da carne; há que nascer de Deus. E não é em vão que o poeta de Pasárgada, Manuel Bandeira, guardava sede da eternidade, a ponto de bradar num poema: "Eu quero a Estrela-da-Manhã!"

E a resposta a esse clamor está no Apocalipse, 2: 28: "Dar-lhe-ei a Estrela-da-Manhã!"

Não, não escolhi a pátria, se ela me escolheu. E o caminho é o tempo que, às vezes, segue tão distraído que nem sequer repara em nós. O tempo é sangue. E o Espírito é sangue no tempo.

Então dizemos: "O tempo pode ser meu pai, ou talvez meu filho." E súbito estamos diante dele, que percebe o que lhe diz respeito. Ou a nossa capacidade no silêncio. E não seria o silêncio uma forma invariável de outro tempo?

Mas o caminho é Palavra. E a Palavra sabe sempre o que ela quer. Não cessa, sem cumprir-se. E ao se cumprir, nos cumpre.

A catarata

Operei-me de catarata no olho esquerdo. Pensei que ia doer, não doeu. Tive um choque de juventude na visão, que se ampliou. Minha vista agora é mais nova do que eu. Devo isso à precisão de quem me operou, o dr. Miguel Padilha, aqui, do Rio. A luz, mais do que tateia, se cola em nós e se multiplica de viver. Ou, de ficar na luz, nos acostumamos com ela e não queremos mais abandoná-la. Nem ela a nós. Só adoecemos com sua ausência.

Mas a memória é que às vezes padece de catarata. Tem muitos olhos e começa a se apagar. É como a memória humana, que tende mais ao esquecimento do que à lembrança. Como diz Paulo, o Apóstolo dos Gentios, "porque passa a figura deste mundo". E ainda bem que o mundo da memória não é necessariamente o mundo da imaginação. E o da imaginação pode brotar da palavra.

Todavia, ninguém fica de semente, mesmo que deseje; há uma sabedoria de as estações variarem e as sementes na seivosa terra transformarem-se em flores, frutos. Os ossos secam e a dita inteligência não gera, debaixo do solo, claridade alguma, talvez só gere pedra.

Mas folgo pela alegria de ver melhor, de ler mais livros, ainda que perceba, cada vez, com o poeta espanhol, que "a erudição é surda" e deve ser cega. Porém, leitores, o universo se revela pelos olhos (mais ainda com os olhos da palavra) e vou-me esquecendo das coisas, de tanto as coisas me esquecerem.

Decerto a visão do espírito é mais forte e imperiosa do que a do corpo. Paulo, que referi antes, não deve ter sofrido de catarata, quando foi derrubado do cavalo e contemplou a Luz que lhe falava e lhe deu nova vista. A mesma que depois o levou ao terceiro céu, e não sabia se corpóreo ou incorpóreo. Poucos tiveram tal alumbramento. Mas o céu deve estar dentro de Deus e Deus é a plenitude do céu. Nem se esconde o céu dos que amam a verdade. E não é a nossa recusa que impede o alvorecer.

De repente somos descalços de saúde, descalços de vigor — que a fragilidade é a nossa natureza. Ou somos descalços no infortúnio, cercados de percalços, verbos hostis e sonhos. Mas a humanidade em nós resiste e é preciso ir adiante, porque o tempo nos empurra, com o voo das andorinhas.

No entanto, ver é dom do Absoluto. Vemos bem mais de crer, do que de olhar. A glória terrestre soluça e a de Deus sorri. E nos preparamos, sem catarata na alma, para o que olhos nunca viram, os ouvidos nunca ouviram, nem os sentidos são capazes de vislumbrar. E é justo que a memória não aviste com a mesma clareza da fé. Mas a luz não precisa, nem jamais precisou de convencimento. Até para os que são cegos.

Os personagens

"Todos os meus personagens existem" — escreveu Guimarães Rosa. Decerto sempre existiram na sua imaginação e passam a existir no aluvião das palavras.

E, se bem meditarmos, nada do que se viveu ou viu ficou apagado ou incólume, sobrou no imaginamento. Mesmo que não tenha nome ou rosto ou identidade, misturando-se o conhecido com o desconhecido.

E o que ignoramos não quer dizer que não acontece. A escuridão é um alfabeto decifrável de tanto amanhecer.

Embora um escrito seja o menos autobiográfico possível, há de sê-lo naturalmente nalgum recanto de frase, ou fisionomia, ou no secreto de alma. O autobiográfico é rastro, ou o dito no não dito.

Infunde-se o mistério também nalguma dobra da infância ou do futuro do leitor. Porque escrever é criar uma cumplicidade que se apraz no ocultamento. E um ocultamento de sonhar que se compraz na cumplicidade. Quando a cumplicidade também é do universo.

Todo manual de lógica criadora termina no manual da alucinação. Pois o que mais alucina é o esplendor da lógica. E o momento só conta porque nele cintila a eternidade.

E a eternidade não é lógica, algébrica, tem sempre outra trajetória, ou dimensão.

Se o autor escreve em fogo, ou água, ou luz, escreve em alma, derramando neste repuxo o que existe no que não existe. Não escreve apenas o que deseja, esquivando às vezes o assunto de sua alçada, como quem atrás do arbusto não divisa o mar. Ainda que, vivo, o mar o divise.

O autor escreve simplesmente o que pode, por não saber fazer diferente. Ou, se foi inventando, independente do pensamento, ou fora do mecanismo do raciocínio. Como se tivesse vindo ao mundo para expressar somente o que lhe brotou.

E não brotaria duas vezes, apesar de ser em mesmo rio, ou mesma sombra. Pois o idioma voa no sonho que voa e é a grande ave do paraíso. Por isso reafirmo: todos os personagens existem e ninguém ousará negá-los.

Escrever para eternidade

Outro dia assisti na televisão uma entrevista do ator Tony Ramos. Dizia que confiava no diretor, por estar de fora e presenciar seus movimentos, mas que não gostava de ver seu trabalho na tela. Talvez por achar que nunca será para si mesmo suficientemente convincente.

E, nessa matéria, há escritores que vivem emendando os seus textos, mesmo depois de publicados, por serem tentados a oferecer o melhor — ânimo, aliás, que norteava, por exemplo, um João Guimarães Rosa, que pretendia escrever para a eternidade. E outros, como o baiano Jorge Amado, que não desejava ler os livros publicados, para não se dar conta dos erros, fazendo questão de não os revisar. E Jorge Amado, mais do que cuidadoso da escrita, era zeloso em criar personagens poderosos, capazes de perdurar na imaginação dos leitores, como também conseguiu o gaúcho Erico Veríssimo. O primeiro inventando figuras, e, entre todas, Quincas Berro D'Água, digno de García Márquez; e o segundo, Rodrigo Cambará, que se estendeu com o nome em restaurantes e bares do pampa. Quando o romancista o matou, houve repercussão lamentando o fato, como se um ser vivo fosse. Esquecendo que tudo, ali, era palavra posta na imaginação. Criando tipos que desafiavam os do registro civil.

Estou, mantidas as distâncias, no primeiro caso. Por me acostumar com os lapsos da escrita. Pois não há livro, por mais que nos esforcemos, que não tenha grafias erradas de palavras, ou vocábulos que aparecem como borboletas no campo e nem quisemos. Como se escrever fosse uma volúpia de enganos, já que faz parte de nossa condição, e nem os revisores cercados de rigor impedem tais malefícios.

Então é preciso aperfeiçoar a cada edição, "melhorar de erros", como assevera, com acerto, Samuel Becket. Porque não nos interessa somente criar personagens, há que criar a ambiência, como há que se "atirar com espírito", segundo o autor de *Grande Sertão: Veredas*.

Uma coisa é ser entendido, e, para tanto, criar uma linguagem eivada de lugares-comuns, feita para o imediato consumo, e outra coisa é inventar uma linguagem que permaneça, de simplicidade dominada e, ao mesmo tempo, iluminante, manejando relâmpagos. E nos inventando.

Talvez nunca se chegue ao livro perfeito, mas o importante é caminhar para o que é perfeito.

Cegos de razão

"Somos cegos de razão" — observou José Saramago, Nobel português. E sabia ele, como ninguém, disso. Porque a razão é roda cega, é a roda de moer que Sansão empurrava, quando cativo dos filisteus, após o terem cegado. Porque a roda da razão sabe que gira, mas não leva a nada, salvo para maiores razões, conceitos, teorias, raciocínios, desvios de rota sem vislumbrar o verdadeiro caminho.

Um tatear no escuro, achando estar na luz. Porque a luz jamais é cega.

Lembro do lúcido texto do próprio Saramago sobre o caminhar do elefante. E há a crença de que os elefantes voltem, para morrer, ao lugar da infância.

O elefante é descomunal, desajeitado, derruba o que se lhe opõe. A razão se aproxima da prepotente pata do elefante e leve é o espírito como a pomba: vai no vento, sabe-se que voa e pousa no pombal da eternidade.

A política é razão, a filosofia é razão. Mas a poesia é o inconsciente que jaz na infância que foi extraviada e torna na palavra. E recordo Fernando Pessoa, como "o rio que corre na minha aldeia". Temos tantas aldeias no coração, mas só uma é da infância.

Não tem nada a ver com a razão. E me dou conta de que Deus se esconde da razão, não carece dela. Porque muito maior do que a razão, também se esconde da dita inteligência, que, às vezes, nem percebe o que fazer sobre si mesma. Como uma gaveta limitada. Ou presa dentro de outra, igual a uma caixa noutra caixa.

Mas se revela na fé, plenitude da palavra, como se fosse uma nova infância. E não entendemos, leitores, quantas infâncias se juntam ou se ocultam na palavra, ou que palavras se ocultam na infância.

Já anotava Miguel de Unamuno: "A razão nos une e as verdades nos separam." Por dada a muitos a razão, a poucos a veracidade da fé. Sua imperiosa descoberta. A razão vê através do juízo; a fé divisa o invisível, com jovens, vigorosos olhos. O que nos enganava antes não nos engana mais. O que era obscuro agora é clarificado.

Marcus Accioly, grande poeta de Pernambuco, já falecido, adverte, num poema:

"É necessário enxergar
além das coisas terrenas
que são mais fáceis de olhar.
É necessário ir mais longe
do que os outros, pois até
um cego como eu, de guia,
vê com dois olhos da fé."

A sapientíssima burrice

Era tido por inteligente na escola ou na universidade, pelas notas obtidas, ou mesmo no concurso do Ministério Público gaúcho, mas foi a escritora Clarice Lispector, numa dedicatória de seu livro, *Laços de família*, que descobriu que eu era burro. E o que foi mais extravagante — "tão burro quanto ela". A partir daí, apesar dos poemas e textos, passei a pôr em dúvida minha dita inteligência. E tinha pena, no colégio, de aluno, com tanta dificuldade nas ideias, que era obrigado a repetir o ano e mais repetiria quanto mais dureza no alvorecer da mente.

Fui, aos poucos, adivinhando, com Baltasar Gracián, que "para fazer-se vá com os eminentes e feito, acompanhe os medianos". Mas a burreza citada por Clarice não era jamais mediana, era talvez a distinção de certa loucura, e era burro porque pastava de nuvens. E ser burro com Clarice era melhor do que ser burro sozinho no estábulo sonoro dos sonhos.

E quando me escreveu tão estranha dedicatória — a revi outro dia com a sua letra grande — foi visionária no que tange à minha futura criação ficcional.

É de cogitar que a demasiada inteligência exaure. Conheci alguns tão relampejantes na capacidade de responder questões e tão pouco aptos em aplicar a tal inteligência ou, menos ainda, em viver. É como se não servisse para nada. E se ela não serve a existência de todos, ou de si mesmo, para que vale? "Nem tudo o que reluz é ouro", diz o provérbio. E como não há ninguém tão perfeito que não careça de melhorar, certa burreza dá a comodidade de errar menos.

Ou ser mais lento nas certezas e mais veloz nas dúvidas. Ter a persistência do burro, podendo subir ao cimo da montanha, mesmo sem arreios. E, leitores, um tanto de humildade não pesa. Abraço, adverbialmente, a honra da burreza. Pois não esqueço a frase de Nicolau de Cusa: "É necessário que o intelecto se torne ignorante e se coloque na sombra."

Goethe e as pedras

Na Sicília, diante de um vale exuberante, o guia narrou a Goethe pormenores das ferozes batalhas e façanhas de Aníbal, de Cartago. Consta que Goethe desaprovou tal relato dos fantasmas do passado. O guia ficou surpreso, e mais ainda quando contemplou o grande poeta juntando pedrinhas da beira do rio. E deu-se conta de que, nesse ato, tentava desvendar a origem daquelas montanhas. Porque, para Goethe, o passado só valia se viesse ligado ao presente e ao porvir.

Lembrei-me desse episódio e reparei como o poder junta pedrinhas, sem a mágica e o gênio de Goethe. Sim, reúne coisas mínimas para fazer esquecer as grandes. Quanto mais confundir, mais eficiente a pilha de problemas. A verdade é subtraída, os acontecidos não carecem de valor ou escrúpulo. Se o poder enlouquece, a falta de poder enlouquece mais ainda.

Mas há leis que nos perseguem, sem solução, desde o Império, como a arte de aumentar impostos, quando a sociedade já não suporta seu peso. Ou a lei, quase ancestral (do tempo de Getúlio Vargas), que proíbe trazer algum produto gustativo de outro país, como queijo. Parece que foi superada. Mas não esqueço do ato de me tomarem na alfândega o famoso queijo da serra da Estrela de Portugal. Lembro: antes que caísse em mão intrépida ou cobiçosa, destruí o tal queijo e coloquei o meio-quilo prazeroso no lixo. Cito dois exemplos. Nem falo no alto preço para o envio de livros ao exterior, quando ultrapassam a medida dos quinhentos gramas. *Grande Sertão: Veredas*, de João Guimarães Rosa, passa dessa medida. Teria que ser cortado em metade para ser mais viável a remessa, menos cara. O mesmo ocorre com *Viva o povo brasileiro*, de João Ubaldo Ribeiro, de longo fôlego. Não há lógica na dita razão postal. Como na cobrança permitida de juros usurários nos cartões de crédito, ou cartões especiais, e apesar disso os bancos encolhem. E nós encolhemos na república.

Mas no caso de Goethe, fora de qualquer metafísica, o fato de se inclinar à margem de um rio e de juntar pedras podia ser o riscar de uma noutra, como se juntasse constelações. Ou o juntar de uma palavra noutra, compondo o poema. Porque as palavras se casam e se amam e se sucedem, ou se transcendem, até a luz. Cada palavra tem fogo de um saber que não se apaga.

E a poesia acontece, descobre-se, ou é o poeta que a desprende da luz. A poesia se fabrica, como o fiar de abelhas o mel e os favos do amanhecer.

Ter ou não ter

Ter ou não ter é o nome de um romance de Ernest Hemingway, que em certa ocasião confessou para a sua amiga Lilian Ross, correspondente, que Tolstói bloqueava o seu caminho e, "quando" afirmava consigo passar por ele, deu de cara com Shakespeare. "Acontece que Shakespeare apareceu primeiro e escreveu tudo o que eu gostaria de ter escrito; então, não posso fazê-lo porque ele já o fez. O que se pode criar quando já escreveram o que a gente queria escrever?"

Prefiro, leitores, o parecer de outro companheiro de geração do autor de *O velho e o mar*, e também Nobel de Literatura, William Faulkner: "Para ser grande é preciso noventa e nove por cento de talento, noventa e nove por cento de disciplina... noventa e nove por cento de trabalho (...) Não se preocupar em ser melhor que seus contemporâneos ou seus predecessores. Tratar de ser melhor do que si mesmo." E adiante observa: "Não posso dar ao mundo o que em mim chora por libertar-se."

Temos o que não sabemos. Ou sabemos antecipado de tanto não saber.

A escrita é algo que nos transcende, porque entendemos mais do que pela razão; entendemos pela imaginação que vai nos desvendando. Parte escrevemos e parte somos escritos — percebendo que o inconsciente é mais poderoso do que julgamos.

Ao escrever — e gosto de sentir o peso da caneta no papel — é como se as coisas viessem do ar, ou houvesse um ar tão forte nas coisas, que nos levasse de roldão. Outros escrevem direto no computador. Em poesia ou ficção não consigo. É o ato, para mim, de pegar as palavras, e estão vivas, delirantes, ansiosas de brotar. Tal se houvesse outro tipo de memória, bem mais humana do que nós, mais fraterna, apenas adormecida, *sempre pronta a acordar.*

O que se lê, nos lê; o que se sonha, nos sonha. Disse a um amigo e é real — tem-se a impressão de ser retardado de futuro. Porque não é a inteligência que apalpa a vida; é a vida que apalpa a inteligência. E duvidamos da inteligência, duvidamos da técnica ou dos conchavos de tantas teorias.

Só a vida jamais duvida de si mesma. Se, no plano espiritual, o fato de não estarmos ouvindo não quer dizer que Deus não esteja falando — alguns não aprenderam, ou têm os ouvidos trancados, apesar dos sinais e não querem escutar —, no plano da arte também vige uma espécie de fé no desconhecido, fé de não ignorar que se alcança, buscando, a graça do deserto.

O cão e o escritor

Recordo ter lido em Kafka, que desejava escrever como um cachorro. Li algo semelhante em Guimarães Rosa. Talvez imaginando o ato de escrever com as patas. Ou as patas caninas seriam capazes de escrevinhar melhor do que nossas já feridas mãos.

E me lembrei da vocação impetuosa de um personagem, na *Engenhosa Letícia do Pontal*, da editora Objetiva (Dom Quixote de saias), o cão Desidério. Sim, ele era tão ávido de literatura, que devorou as páginas do volume *Dom Quixote de la Mancha* e se tornou um cão absolutamente delirante, como se absorvesse, na vida, as aventuras do Cavaleiro da "Triste Figura". E é discutível, leitores, se o cão Desidério teria ou não direito de sorver a gloriosa narrativa cervantina. Talvez seu lado de homem no cão, ou seu ajeitar de cão no homem. Não entrarei, leitores, nessas tão abstratas cogitações. Pois o dito cão pode ter sido tomado pela loucura da imaginação, ou a imaginação na loucura. E defendo, mesmo nesse contorno, o direito inalienável do cão Desidério — de, não podendo criar, ao menos viver, sonhar com o Homem da Mancha. Mas escrevo esta crônica também surpreso com a cachorra Aicha, do tipo poodle e que ganhou amor pela escrita, nesta morada diante do mar da Urca. Tem duas iniciativas fundamentais do escritor: a caneta e o papel. Basta que me distraia e a vejo com papel na boca, apanhado com as patas, diligentemente, de alguma mesa. Ou então somem as canetas e as encontro, acolhidas entre as patas. Não consegui adivinhar o que Aicha inventa, que obra conjuga no focinho. É um mistério que ainda vou descobrir nalgum recanto solitário desta casa. Parodiando Sófocles, se há coisas estupendas na justiça, nada é mais estupendo do que um cão.

O rascunho do espírito

Tenho tantos livros inéditos, ou fantasmas, que não sei o que fazer deles. Nem sabem o que fazer de mim. O território editorial está deserto, o campo da cultura mais ainda. A crítica se encolheu e a lucidez vai sumindo do mercado.

Há uma frase de Alfonso Reys que me entretece: "Publicamos para não passarmos a vida corrigindo os rascunhos." E, de tanto corrigir, cortamos às vezes o que está vivo.

Ao editar meus livros, liberto-me. Com crítica elogiosa ou não, com louvor ou desamor, os livros ganham liberdade, voos, e, se resistirem, defender-se-ão. E se não, pouco adianta defendê-los.

Existe um destino no que nasce, mesmo que não se entenda, ou no crescimento do tempo no que brota. Toda semente tende a se tornar árvore, e a árvore abatida largará semente e se prolongará nas estações. Cada coisa tem um motivo para o qual se ergue.

Enquanto o livro não sai a lume, nos arrosta, incomoda, desperta do sono, porque se move, como um fantasma. Por ser vivo e querer fugir da infância. Depois, mora na infância da linguagem.

Recordo meu tempo de Ministério Público no interior do pampa. Não permitia que os processos se amontoassem na sala, para também não ser visitado por seus fantasmas, e todos tinham que seguir, sem criar musgo. Era assunto de consciência. Como pedia absolvição se o réu não tivesse prova suficiente contra ele nos autos e os autos eram o mundo. Agora pareço ter novos olhos. E, para mim, que não sou Dante, Virgílio é a palavra que me conduz à porta do paraíso. Ou é saber que os sonhos não terminam, adiados sempre pela mais jovem imaginação. E o que citamos não deixa de ser continuação de nosso pensamento. Ou quando achamos o nosso eu no outro-dileto, afim. Proust chamava a leitura de amizade. E a vejo como leitura da alma dentro de um rio sem margem. E possuo a convicção, leitores, de que o que envelhece em nós é passageiro e o que rejuvenesce é eterno.

Filho e pai da morte

Fabrício Carpinejar, meu dileto filho, que é escritor já conhecido, publicou recentemente, pela editora Bertrand, o livro *Cuide dos pais antes que seja tarde*. Ali, numa das crônicas, afirma que *todo filho é pai da morte de seu pai*. O texto é comovente. Mas, Fabrício, como sou o pai a quem se refere, penso que a morte não tem paternidade alguma, nem para os ossos. A morte não possui afeto, nem hierarquia. Entramos nela, como na água o barco e o barco que se enche de água. E vamos tão sozinhos que nem a memória resiste a tal metamorfose.

Se quer ser pai de minha velhice — até aonde pode ela —, concordo. Ainda que a réstia de juventude me dê o vigor de sobreviver, ir levando as fadigas, os acasos da noite, a neve dos cabelos, o rosto das rugas, as marcas de existir na pele. Mas nem somos pais de nós mesmos, desde o nascer ao último respiro. Não percebemos o amanhã, o que se prepara nos dias e se acumula nos serões do amanhecer. Todavia, temos que ser pais da aflição e do desamparo, pais de risíveis ou tremidas alegrias, pais de cada tropeço, ou de travados e travessos esquecimentos.

Fabrício, sim, que sejas pai da minha velhice, aceito. Não pai de minha morte. Essa, não divido com ninguém, por ser propriedade minha e de Deus. Não dividirei nunca esta dádiva final, por ser demasiadamente particular, íntima. Posso dividir esperança, como a côdea de pão na abastança ou penúria; posso dividir o sorriso de haver transitado entre as coisas, sem mágoa. Dividirei minha palavra, bem maior do que a escuridão e o rolar das pedras. Mas a morte é galardão, conquista, o cumprimento da promessa escrita nas estrelas. Não dividirei a morte nem contigo, nem com os ancestrais. Não só por ser irrevogável. Mas principalmente por apenas eu lograr escolher a sua derradeira claridade, a constelada fresta. E estranhamente, filho, mesmo morto, inerte, posto sob degraus da terra, estarei absurdamente vivo. E choverá, choverá na morte.

O peso do peso

Jonathan Swift faz seu personagem famoso, Gulliver, afirmar: "Os cargos são grandes, só os homens são pequenos." Talvez quisesse dizer que todos os cargos são dignos, nobres, até os que parecem insignificantes, e as pessoas, muitas vezes, não estão à altura deles.

É o que se percebe nas instituições sociais, culturais e até espirituais. Os medíocres criam os seus cúmplices e tentam arredar, quanto mais longe possível, os que podem ser superiores a eles, seja no intelecto, seja nas ideias, seja na autoridade ou brilho. E a técnica é sempre a mesma, mostrando medo e insegurança: consideram os ditos superiores "difíceis, complicados, de obscuro entendimento. Não é prudente escutá-los, ou lê-los. São por demais perigosos".

Nem lhes é dado sequer o direito de provar o contrário. Importante é que se calem e sejam hostilizados como herméticos, para que não tomem — e é certo que tomariam — o cômodo espaço dos medíocres. E onde haja altanaria, haverá este grupo de farejadores, que a grandeza incomoda e muito.

E, na verdade, obscuros, complicados, são os sabotadores do talento, do mérito alheio. Prejudicando o futuro e o presente das instituições, porque nada é mais nefasto, segundo Goethe, o genial alemão, do que os ignorantes entusiastas. E é curioso que alguns chefes, com lucidez e discernimento conhecidos, não se deem conta disso. Talvez pelo poder jubiloso da bajulação, que cega mais do que aos olhos.

"Os cargos são grandes, só os homens é que são pequenos." Gulliver era gigante na terra de anões, entrava no mar, desfazia as naus do inimigo, com sua energia ou tamanho.

Não é a ambição que deve marcar a humanidade, mas a fé, que move a vida e os sonhos. Há uma velha fábula dos caranguejos num balde. Um não permite que outro suba e vá para fora da fronteira. Isso sucede na república. Os medíocres buscam solapar os mais bem-dotados com as armas da astúcia. E não foi em vão que Tito Lívio, um dos maiores historiadores da antiguidade, observou: "Enganam os que podem encobrir os talentos. No tempo, maior glória lhes reservam."

A propósito de ar

A imortalidade pode tomar ar. Falou-me, certa vez, um amigo: Cuida de não tirar o pó dos móveis, é perigoso! Não sei até hoje de que pó falou. Se é o da imortalidade, não creio que em pó se transforme a tão decantada glória. Se os móveis são os da imortalidade, não há pó que baste. Nem se pode tirá-lo muito, enquanto vivos, o que tende a encompridar a morte. Mesmo que a vida seja maior do que a morte. E sustento, sim, que a imortalidade carece de ar. Não só porque a alma e o espírito são sopros, mas o ar alonga as narinas ou apruma os olhos.

E a imortalidade, que possui tempo dentro, alimenta-se de ar, como a águia dos altos montes. E os montes, das estações.

E quando alguém alude à poeira dos séculos — se não me engano, é o padre Vieira —, está se referindo à poeira das gerações, que vão e vêm e desaparecem na névoa. Porque o que é humano some no que é eterno.

Não são somente as gerações que acordam os séculos; eles que acordam as gerações. Mas não importa. A imortalidade precisa de ar para não se sufocar. Ou o ar é o mesmo que existe desde o começo do mundo.

E os seres, as plantas, os delírios carecem de ar. A palavra não. Tem puríssimo ar por dentro.

A alguns a imortalidade engorda e chegam à pompa da carne e dos ossos; outros emagrecem. Pois não se sabe como ela se comporta. Uns se tornam soberbos, outros humildes. Por isso, leitores, a imortalidade precisa de ar. Ou é enigma daqui ou de além tumba. Talvez os mortos saibam de tudo, porém não nos contam.

Uns se cansam tanto de buscá-la, seja nos livros, seja nas obras de arte, seja no repetir das efemérides ou festas. Outros a alcançam, ou acham que a alcançam sem esforço. Como se nascessem com essa indelével energia. De abismo ou de voo.

Mario Quintana alegou que a imortalidade era muito longa. E o grande poeta lá se encontra, tem palmilhado as suas ruas. O que era intuição agora é realidade. Mas deve estar certo de que a imortalidade pode ter o vento minuano, o vento das madrugadas, o vento que não dorme.

A imortalidade, cada dia mais, precisa de ar. Por ser viva, resiste. E até os sonhos precisam, leitores, de ar.

Viagens de Gulliver

Uma coisa é a invenção de Jonathan Swift, que fez seu personagem gigante, no magistral *Viagens de Gulliver*, ou o "pequeno polegar", que Moacyr Scliar criou; outra coisa é a arte de ser encolhido à força, como sucedeu com o nosso país, "gigante pela própria natureza", sendo o anão fragmento de homem. "E os anões estão nascendo constantemente" — adverte o poeta Henri Michaux. Porém, não fomos nós que fragmentamos a nossa grandeza de nação; foi a ação devoradora de políticos, que passaram, como os exércitos de Átila, rei dos hunos, não permitindo o crescimento de erva —, muito menos das arrebatadoras flores de próspera esperança. Agem avivados por uma indústria ativada por recíprocos favores, porque não somos nós, mas certos políticos, que compõem, mesmo de físico avantajado, a estirpe de cívicos anões, apequenados de alma.

Sim, os anões estão crescendo constantemente, o circo está montado, os leões avançam nas arquibancadas. Indomáveis. Os elefantes derrubam a lona. Ou a lona depois se enrosca nos elefantes. Ou alguns, mais entusiastas, resolvem retornar à selva da infância.

Mas os anões têm natureza propícia para crescerem e se reproduzirem, já que o barro se alojou na moeda e nos sonhos. E, não importa quanto os anões cresçam, que sempre existirão — com o fomento democrático da propina. Mas nós teremos que sobreviver além das intempéries ou do dilúvio constitucional. Consta que até há malas de secretas ambições e orçamentos, avultando eficazmente as larvas de várias categorias de insetos, baratas, ou a ascendente classe dos roedores.

E a tese propalada por doutrinadores, ávidos com as suburbanas novidades, é a de que os gigantes vão diminuindo, os horizontes encolhendo, à medida que os anões ganham lastro e invadem solenes repartições. E o que faremos, leitores, se não sobrar mais lugar algum para o povo, para o nobre e outrora jubiloso morador desta república?

Envelhecer de espera

Disse-me um grande amigo que na espera a fé se fortifica. Mas envelhecer na espera é pior do que envelhecer na erosão da natureza, é envelhecer de ver o tempo passar sem resultado ou fruto. É envelhecer nas raízes e na árvore. É envelhecer por dentro.

Lembro-me que esperei um ano para chegar à Casa de Machado, mas já havia esperado antes, na criação de uma obra, mais do que na criação de poder humano. Quando entrei e tinha 49 anos, ouvia alguns, de outra geração, falarem mal da Academia, e vi depois todos tentando entrar. Como o que achava as uvas verdes por não as alcançar. O que vem de acordo com o pensamento de Nietzsche, "os frutos estão maduros para nós e nós não estamos maduros para os frutos".

Envelheci no aguardo de um determinado valor, que eu amo, por trinta anos, e todos me afirmavam que era impossível. A Deus nada é impossível, assegurava, e vi se cumprir. Porque a vida só tem sentido diante da eternidade. Se olharmos a vida pela sua duração, nos entristecemos. Mas se contemplarmos mais longe, no tempo de Deus, já somos felizes de o saber, por ser o reconhecimento do sentido das coisas. Alberto Caeiro defendia a falta de sentido das coisas, porque sua visão era finita. Presa nelas.

Se envelhecemos na esperança, então florescemos nas folhas e nos ramos de nossa terrena existência. Porque a espera necessariamente não contém esperança. Ela é seca e árida como terra, onde não nascem flores. A esperança é água que rega, primavera que arde, luz que acende a vegetação das almas. Velhice que tem esperança é longeva, conhece nova juventude. A fé não é espera, que não tem nada dentro, só tempo. A fé é esperança. A espera sem esperança mata, a esperança sem fé também. Sim, porque a espera pode até nos adoecer, vendo que o sonho passa e não nos atinge, as estações vão e vêm: nada sucede. E às vezes os acontecimentos se dão, sem que percebamos, por estarmos apenas na epiderme. A esperança não; cresce na força da semente. Somente a esperança dá razão ao que se espera. A esperança é o encompridar da espera. É uma espera que acordou a claridade.

A dimensão da velhice

Envelhecer é um estado de resignação. E mais: um estado de metamorfose. Os cabelos embranquecem, como a geada do campo, as rugas vêm, os movimentos entorpecem e começamos a ter memória do passado, ou memória das coisas que se foram. Talvez seja a velhice um outro retorno à infância, com outra pele, outro orvalho. Porque temos a infância em várias fases ou idades. E descobri-la é uma espécie de longevidade.

Jonathan Swift afirmava que "que a memória é a observação dos velhos". Mas também é uma forma de, ao recordar, ir reinventando a eternidade. Até chegarmos a ela, precavidos.

No início, não entendemos as coisas, vamos tentando consertar, para animá-las ao nosso gosto. Depois são as coisas, no transitar do tempo, que nos entendem. E ficamos tão encharcados delas, tão plenos, que nos encobrem. Como se tivessem o sortilégio de nos fazerem submergir. E submergimos, sem repararmos como elas pesam. Depois o afã é o de se despojar, desnudar-se dos adornos. Até contemplarmos o que somos, sem a turva retórica do mundo.

Passamos a vida tentando construir a alma, sim, para que não nos devore o vazio e o esquecimento. Mas nos vem outra dimensão do humano, a da piedade, a constatação dos limites, a certeza de nossa fragilidade, a aproximação da morte, o convívio com ela, ou a serenidade de que algo em nós a ultrapassa — não o peso da matéria distraída, mas o do espírito que se move como a água.

Ficamos mais famintos de absoluto, porque a paixão não nos abandona. Ficamos mais sedentos de Deus, porque todas as medidas O designam. Ficamos mais em casa, que na rua ou nos acontecimentos, porque o corpo vai requerendo descanso, paz. O que falávamos com excesso, nos calamos. Como o animal que busca a sua toca e ali se encolhe.

Norberto Bobbio, o pensador italiano, parafraseando um adágio de Erasmo de Rotterdam, adverte: "Quem louva a velhice, não a viu de perto." Entretanto, quem a vê de perto e viveu com plenitude não se assusta. Como se estivesse, desde agora, tateando a primavera.

O que se mata ou se faz nascer

Há coisas que matamos sem querer: mata-se num instante como num choque elétrico, ou sem ele, mata-se na falta de amor ou na angústia, mata-se quando outros podem nos tolerar, ou não os toleramos, mata-se num riso fora de medida, numa crítica fora de hora, num movimento fora da clave, igual à música que não consegue sair do rádio. Mata-se de não matar, ou de terem de suportar a nossa dor ou nossa lágrima, porque a dor é suspeita de mais dor ainda e é difícil a dor. Mata-se por algum gesto inesperado ou em desalinho, mata-se no esquecimento, que é segunda natureza. Mata-se ao perder o equilíbrio e não saber segurar a amizade pelas bordas ou pelo casaco, mata-se porque o que é humano é tão débil, tão transitório. Mata-se até por se querer eternidade, quando se tem a miséria ou redondeza do momento. Se não nos damos conta a alegria mata, a tristeza é por demais arrasadora e mata, a razão se mostra excessiva e colocamos o mundo na razão, quando há circunstâncias que fogem dela, não podem ser flagradas na mão, como alma não se agarra. Mata-se de sonhar, quando se torna pesadelo e a realidade é pesada e inóspita. O abraço muito esperado dura pouco e a frieza o segue e nos acomodamos e então o próprio abraço mata. Falhamos de não falhar, respiramos tal se nunca respirássemos, cuidamos tanto de viver e a vida vai-se se extinguindo. O amor não morre, mas morremos no amor. E a saudade, esta invenção da memória, ajuda a doer mais. Doemos de existir, mas o tempo sempre nos lembra o que estava existindo.

Há que se esconder do abraço, esconder-se dos afetos, ou são os afetos que nos escondem? Por que queremos tamanha ordem, quando o redor de nós se desequilibrou? A estranheza é o dia a dia, o abandono se faz lugar-comum do quotidiano, a felicidade é quando o sopro maior nos toca e nos alucina em beleza, prazer ou desamparo.

E o que faz nascer é solidário sofrimento, a compreensão com o próximo, o que não sabemos e começa a saber de nós quando nos doamos, basta o mínimo, o relâmpago da bondade que ilumina o céu, que é súbito, o sabor da palavra, que, ao ser dada, alcança a eternidade. O constatar da semente e aguardar com a mão na terra, para que brote. A descoberta de Deus nos homens e dos homens em Deus, porque nada é acaso, o que não entendemos tem o ensejo futuro de se entender. Praticar o bem, ser tranquilo, habitar o solo que nos é concedido, perdoar — forma inexcedível de também se perdoar. Criar, deixando que a linguagem tenha o espaço de nos criar, não permitir que o amor se desperdice em nós, tratá-lo como o diamante no fulgor. E a humildade de nos acharmos perto do chão e é dali que nos plantamos. Do ar tudo tomba, perto das raízes, somos raiz. E é como diz a Bíblia, a humildade vem antes da honra.

Mas o que faz nascer não percebe muitas vezes quando o fruto explode; percebemos mais tarde. Porque o que acontece já acontecia e não vemos. Como Deus acontece e só com Ele há perpetuidade. Ou Nele para sempre nos encantamos.

O fim da filosofia

Recentemente o grande físico Stephen W. Hawking, da Universidade de Cambridge, com seu microcomputador, adverte "o fim da filosofia". Um tempo atrás, houve outros profetas, alguns anunciando o fim da história, outros anunciando o fim do romance, ou o fim da poesia. É conhecida a fama do mencionado físico britânico, autor do livro *Uma breve história do tempo*. Mas isso sozinho não atesta que tenha razão. E nem toda a genialidade é razoável, por não se sustentar sem algum grau de loucura. O que percebemos é que a filosofia persiste, apesar de todas as certezas. Não vigoram mais os filósofos de sistemas como um Kant, ou Espinosa, mas a filosofia hoje continua no ensaio de um Borges, de um Octavio Paz, ou nos estudos de Lévinas, ou Deleuze, ou Wittgenstein.

Sim, enquanto vigorar a razão vai vigorar a filosofia, porque meditar é próprio do homem. E o que seria da teologia sem a filosofia? Sim, "a teologia é a cabeça do gênero humano", para o irônico Machado de Assis, quando ele esqueceu que a cabeça real, entendida, autossuficiente, impositora de doutrinas, essência do Direito, é a Filosofia.

Essa mania de determinar o fim das coisas já se tornou um lugar-comum dos teóricos, como se dissessem a última palavra. E quem diz a última palavra, por mais lúcido que seja, por mais sábio, por mais reputado, é Deus. Nós somente dizemos uma palavra, a nossa: maleável, contingente, confusa.

Foi sugerido o fim da história, mas, mesmo que ela não seja o que se espera, mistura-se à humanidade e vai subsistir, por ser esposa do tempo. Ao ser determinado o fim da literatura, viu-se que era um lapso, uma pancada na água, porque as gerações se renovam e cada período possui os escritores que a fazem nova, imperiosa. Assim é o fim do romance ou da poesia. Porque a linguagem sempre é jovem, como o são os nossos sonhos.

Buscamos o fim, como se depois de nós, como assegurava Luís XIV, viesse o dilúvio. Mas esse está em nós, em nosso desejo ou dimensão, não nas coisas, nem no mundo. Ainda que, na terrena dispersão, se contemple o dilúvio, sempre haverá Noé e sua barca, cuidando da sobrevivente espécie. E há que denunciar o milagre da Vida que não cessa e quer eternidade. Ou, a propósito, pode alguém surgir ou prever o fim do amor?

Sobre a utopia

Li o recente artigo de Ferreira Gullar, na *Folha de São Paulo* (31 de julho de 2016). Inegavelmente grande poeta, tenho aprendido a estimá-lo no convívio da Casa de Machado. Admiro sua coragem de haver mudado a visão e postura. Era comunista militante e se tornou democrata, detestava a Academia (assisti sua imprecação na inauguração da estátua de Machado de Assis, no Encontro de Escritores no Porto, ainda que tenha elogiado o genial autor de *Memórias póstumas de Brás Cubas*). Hoje, também com meu voto, entre muitos, assumiu merecido e honrado lugar, junto aos acadêmicos. São essa altivez e a lucidez destemida que o singularizam e engrandecem. Raros as possuem.

Tal preâmbulo é para discutir sua análise. Respeitando o direito às diferenças, o que não entra no afeto fraterno, admite, com razão, que temos necessidade de sentido à existência. E nessa busca, cita a filosofia, a arte ou perplexidade diante do deslumbramento ou a beleza. Cita as pesquisas científicas que se empenham nas realizações tecnológicas e nas produções agrícolas, industriais ou comerciais. E os que acham sentido na ajuda ao próximo ou no amor à família. E anota que no plano político — é verdade — o sectarismo político ou ideológico tem efeitos graves e às vezes trágicos.

Não concordo com o que tange a Deus. Embora Ele não careça de ser defendido, quando toda a criação O reafirma, desde o firmamento que criou com a ponta de seus dedos, sabendo o nome de todas as estrelas. Mas não inventamos Deus, nós O descobrimos ou não, quando igualmente nos encontra. É o momento em que penetramos na luz, que é sem tempo, pela palavra na fé. E porque "Ele vive, podemos crer no amanhã", no dizer de Jó. Deus é o passado, presente e futuro. O único sentido de existir é Ele, porque todas as coisas passam, as civilizações se acabam, como os sonhos. Deus permanece, com a Obra do Espírito que transcende as religiões, essas, sim, atinadas pelo homem.

E a verdadeira fé não tem atuação fanática, por ser vincada à sabedoria. O fanatismo mata, o discernimento e a revelação se aliam no amor. Não sei se o bicho humano precisa de utopia; sei que precisa de Deus num espaço de alma, que só Ele preenche.

Perseguição à poesia

Mario Quintana diz num soneto: "Cada vez que me mataram/ Foram levando qualquer coisa minha." O francês Apollinaire sublinha: "Assassinemos o poeta!". O americano Henry Miller fala em precioso livro sobre Rimbaud e esse assunto. Dirão os leitores que, nós, poetas, estamos com mania de perseguição? O que sucede, hoje, é que com a grave crise econômica a primeira a sofrer é a cultura, com o fechamento de livrarias e editoras.

No meu caso particular, já recebi um choque quando assaltaram o caminhão de uma transportadora a caminho de São Paulo e me subtraíram quinhentas caixas de livros de bolso de poesia, o que me deixou impressionado com o amor que alguns larápios têm pela beleza — algo muitas vezes refutado.

Agora, leitores, fui tomado de outra terrível surpresa, quando estava no exterior, e as quinhentas novas caixas que tinham sido produzidas na gráfica da editora de Blumenau, Unisul, com belíssima capa, viram-se apreendidas pelos credores da tal transportadora, que, pelos danos, faliu. "E falir é tudo o que existe", escrevi certa vez num dos poemas. Parecia que previa tal acontecimento. A poesia é sempre profética, mesmo que poucos acreditem nela.

E me indago — mais ainda — o que servirá essa edição de poesia aos tais credores? Venderão as caixas em algum lugar, mais ou menos arredio, talvez em sebos? O que lhes renderá?

O que raros entendem é o sentido coletivo da poesia. Pois o criador não é apenas "uma antena da raça", como acentuava Ezra Pound; é o barômetro de como está o país.

Esses que apreenderam os livros já feitos não entendem nada, salvo o recolhimento de alguns tostões. Provavelmente nem entenderão para que serve a poesia, já que tantos de erudição qualificada também não sabem. Mas há uma coisa de que tenho convicção: a poesia ajuda a viver.

É verdade que a tal edição não será impedida de estar nas livrarias. Possuía caixas da primeira edição desses volumes, que já chegaram à distribuidora: Escrituras, da capital bandeirante. Mas como verei retornar os livros feitos, que os credores apreenderam na gráfica, e tinha direito como indenização pelo roubo na transportadora? Só em nova produção. Ou por milagre. Mas disso já me habituei. Meu Deus é do impossível. E a poesia é o impossível que apenas adormece na palavra.

Diz Drummond, com razão: "O tempo pobre, o poeta pobre." Mas como não vou olhar para o alto, se a fé é palavra firmada no firmamento, há coisas que virão e espero há mais de vinte anos? Mas o que não vem do Altíssimo, não quero. Também estou certo de que esses livros terão muitas edições. Porque o que nasce veio para ser árvore. E crer no futuro é tê-lo nas mãos. Ou saber que tudo tem sentido, mesmo que não o alcancemos.

Se a alma não é pequena

Diz Fernando Pessoa que "tudo vale a pena, se a alma não é pequena". E, neste tempo de extravio de pessoas e de poderes, esse valer a pena exige grandeza, exige visão da realidade.

Um dia sustentei, e continuo firmando, preferir a república dos pássaros, ou a república da imperiosa natureza, do que esta outra, com exceções, que nos ronda. Como o *Visconde partido ao meio*, de Ítalo Calvino, ou só visível numa parte, usando a figura de Wells. Onde coisa incrível se viu: o argumento ser mais importante do que a solidez das provas. E contemplou-se, impávido, Aldrovando Cantagalo, de Monteiro Lobato, o primeiro mártir — agora não da gramática, mas do desvio jurídico. Tribunal que julga as vespas, com memória de formigas, em maioria, e não pune elefantes. Mas o que esperar do juízo humano? Esquecendo que a história tem memória de elefante. E julgar é servir a coletividade. Sendo inúteis as solenes discussões e os cegos egos, entre a suspeição engolida ou nada. Criando, por anos a fio, "muito barulho por nada". Ou, num velório sem morto, com altos custos ao erário, todos juntos morremos de esperança.

Diferente é a república das árvores. Cada uma delas tem sua maneira de se altear, com mais ramos ou menos, com tal sabedoria que não cabe criticar por que o álamo é mais baixo do que o pinheiro. Ou por que os morangos crescem na relva. Nem nos metemos na forma com que as aves cantam. Ou como tomba o orvalho, a cada manhã. Há, portanto, o respeito cívico com as plantas, flores, montes e riachos.

A alma é muitas vezes pequena na república, porque há cumplicidade de interesses, distantes do bem comum. Vigem, com exceções, a falta de transparência, a falta de integridade. A falta de alma. A verdadeira soberania é a do povo. E, principalmente, é a soberania da vida. Mas o mundo não muda, se não mudamos a casa. Os sonhos não vêm, se não povoamos o sono. E a justiça não vigora, se não a praticamos e nem a vemos praticada. A alma pequena é esmagável pelas circunstâncias; a grande, não, se impõe. Não se acha à compra ou venda. Num Brasil que rejeita a corrupção e jamais se rende, com a invencível república da alma.

De aprender

"Cada dia tem o seu cuidado" — adverte a Bíblia. Porque o cuidado é o de ir aprendendo a existir. Certa vez Miguel Torga, o grande poeta e romancista português, me escreveu — repetindo o verso — "nenhuma ciência é maior do que estar vivo". E com os botões acho que apenas a ciência de Deus é mais alta. Mas, ao acharmos que Ele nao fala, não escutamos ao estar falando nos sinais. Desconhecendo Sua extrema ciência.

E quem ensina é que aprende de tanto aprender. Porque nas coisas se aprende de ensinar. Se o amor não tem pátria, nem precisa de edital para brotar, o que vem da palavra é eterno.

Leonardo da Vinci, precursor de muitos caminhos, dizia que "não se gastava de servir, nem se cansava de ser útil". E se a vida deve ser bem usada, vale também pelo que é modesto, pequeno. Ou pelo que nos acontece e não valorizamos: o ar, o correr da água, o pão quente na manhã, a limpidez do orvalho na relva e o esplendor das flores e árvores. Ou os antigos olhos da infância.

Vive-se de não saber. Mas o que se sabe, foi de haver sofrido. Somos educados pela alma. E o poder poucas vezes é inocente.

Criamos porque a arte não trai, os sonhos não traem, a respiração não trai. Muito menos os cães e os pássaros. Pressentindo que a prática que dá sentido à palavra. Se nela não sopra o espírito, é letra morta.

Napoleão Bonaparte observava que o tempo não sobra. Nos planta e nos devora. Certa ocasião inventei Miguel Pampa, símbolo de minha terra. Era um mascate que vendia o tempo. Todavia, sendo vivo, ia-se extinguindo. Porque ele era tempo. Dava de si e o tempo que lhe cabia, como rio secou no andar. Mas o tempo na luz é o único que não termina.

Portanto, o que demora em nós é o que possuímos de palavra. E o que de palavra nos possui. O resto é sombra que passa. E ninguém segura a sombra.

Teologia dos pássaros

Outro dia numa crônica citei a teologia dos pássaros, mas não desenvolvi. O leitor poderá achar que este escriba também está voando. Infelizmente os pés me puxam para o solo. No que creio: as palavras voam.

Não quero dizer que os pássaros saibam teologia. Não possuem a razão exigida pelos mestres da teologia, nem o seu filosofar ardente. Segundo Aristóteles, "a teologia tem por objeto os seres ao mesmo tempo separados e imóveis, e como o divino se está presente em alguma parte, está ele nestas naturezas." Comumente é a ciência de Deus. E quem verdadeiramente tem a ciência de Deus? A estreita e confusa razão humana que se perde nos descaminhos de sua moderna ou antiga civilização?

Mas o que a razão consegue sem fé, que conhecimento alcança sem experiência, o que a alma encontra sem a revelação do ser de Deus? Sendo Sua ciência bem mais alta que nossa inteligência. Entretanto, o homem tateia, busca, persegue nas teorias o liame infinito, e, no infinito, o seu próprio limite.

E a maior ciência, acima de todas as técnicas e artes, ou a de viver, ou de tolerar, é a ciência de Deus. Mas não é um conceito, é uma descoberta de amor. Afirma o grande poeta francês, recentemente falecido, aos 99 anos, Yves Bonnefoy, que "a luz nunca é tão clara, como quando a pisamos". Penso que a luz nunca é tão clara como quando ela nos alcança. E essa luz de Deus não pode ser medida, a não ser pela fé. Dentro da Palavra, aquela que antecede o "fiat", ou o sopro que fez as estrelas.

Já vi doutores sussurrando sobre Deus, sem sair nada, já que Deus não é sussurrável. É achado ou não. Revela-se. E vi homens simples, sem doutoria alguma, tocarem o coração dos ouvintes, por trazerem palavra acesa em claridade. A erudição completa. É importante como busca, respeitável no divino. Mas não é a matéria essencial, o cerne do mistério. Por isso, leitores, diante de tamanha razão, prefiro a teologia dos pássaros que voam no céu de Deus. Em liberdade. E não há liberdade maior do que a Dele. Nem preciso perguntar, como aluno na infância, com quantos céus se faz uma só alma. Ou quantas almas se fazem num só céu.

Somos mais importantes

Diz William Shakespeare, em *A tempestade*: "Nós somos essa matéria de que se fabricam os sonhos, e nossas vidas pequenas têm por acabamento o sono."

Mas a matéria dos sonhos não termina conosco, persiste por gerações. E o sono é símbolo de outro sono maior. E esse também é da terra sobre nós. Ou nosso sonho futuro estará nas sementes, nas árvores. Ou semente capaz de voar no estômago dos pássaros.

Todavia, somos mais importantes do que as estrelas. Porque amamos e pensamos e elas não amam, nem pensam — como assegura um filósofo inglês. E há o pormenor. Talvez as estrelas sonhem, sem que saibamos de suas rotas. Embora com luz, mesmo na vastidão reparamos que elas não têm peso.

Mas o universo não sabe nada de nós; nós é que sabemos do universo.

As tragédias nos rondam, mas não vemos quando se formam; só quando se dão os seus monstruosos frutos. O tempo praticamente não deixa ver, de tanta velocidade. A única certeza é a de que Deus vê. E nós, que envelhecemos, não vemos por fora, mas por dentro.

E se despertamos a aurora, como observava o rei David num Salmo, que aurora nos desperta ou nos ilumina ou discerne com esperança: a da superfície ou a interior?

Há homens que ousam matar rios, diferentes dos cães que caçam passarinhos. Esses caçam por instinto, aqueles pelo poder da cobiça. Matam, como se não matassem. Tal se deu com o rio Doce, de Mariana.

Há um silêncio no meio dos ruídos. Quem não pode se ocultar no silêncio, não sobrevive.

Até na criação, ninguém pode dispensar o silêncio, porque não passa da jubilosa sombra das palavras. Ou o que as palavras afirmam, sem afirmar. Como "um rapto do Espírito", na expressão feliz de Paul Claudel.

Quando não podemos nada ou nada vislumbramos no escuro, é quando nos firmamos em Deus. E o silêncio nos esconde.

Tudo se compensa

Diz João Cabral de Melo Neto, poeta de Pernambuco e do Brasil, em *Morte e Vida Severina*: "Ali não é a morte/ de planta que seca, ou de rio:/ é morte que apodrece." Pois, leitores, certas existências também apodrecem. Ao natural.

O que rouba o poder pelo engano cairá por saber que não é legítimo. Cairá de tanto não cair. Os que roubam do erário coletivo, rinocerontes da coisa pública, de tanto engolirem o dinheiro, até o dinheiro os repelirá, por não lhes pertencer, como o cão que só reconhece o dono. E o pior. O que engoliram indevidamente aos poucos os vai engolindo. A cobiça não poupa a cobiça. Como a justiça não segura a justiça. E não adianta esconder-se. Nada fica encoberto. A luz vai clareando no tempo o que parece escuridão.

Viver é se compensar do bem e do mal. E o que se planta, volta. O que vai de criação tem seu tempo certo, destilado: vinho na cantina. O que existe acompanha o existente, como o sol na relva. Nada é sozinho no universo. E Deus de tudo cuida. Tal o rebanho de estrelas-ovelhas no firmamento.

Existir possui destino. Lembro-me de William Faulkner, genial romancista norte-americano. Inventava personagens com nomes que se vinculavam à sua sina. E o nome era o percurso ou mapa de navegação dos seres. Como se olhasse de cima o seu andamento. Ou já, ao enunciá-los, tinha a previsão do futuro.

Nós, que cremos na vida eterna, não apenas nesta, transeunte, sabemos, sim, que a morte apodrece. Como um fruto caído da árvore, ao solo, que vai na chuva virar semente e vai na semente ser árvore e ramos, ou viveiro de pássaros.

A morte não dá só morte; dá igualmente com abundância vida. O homem se defende e resiste às provações, porque o juízo vem e ninguém respira sem ele. Como o vento respira as estações.

O mesmo João Cabral assevera, no referido livro: "Se a terra é dura, o homem/ tem pedra para defender-se." E tem a ideia que se ilumina, tem a alegria da beleza, tem a fortaleza da virtude, tem o diário milagre, tem a brandura do amor, tem o abraço do irmão, tem a palavra, e, sobretudo, Deus. E basta.

Côvados à altura

Diz a Bíblia que ninguém põe côvados à sua altura. E, onde está o seu tesouro, está o coração.

Mas não há coração que baste quando a mediocridade é o único tesouro. Nem altura que chegue. Com a hostilidade, que é comum à superioridade. Mas a hostilidade maior não é só a intelectual, é também ao espírito. Porque se move na política da sombra ou das ruínas. Move-se de inveja como serpente na espreita. Mas a serpente muda de pele: o invejoso sempre possui a mesma pele.

E às vezes sua oposição é tão ridícula que nem vale o espanto. É até elogio à virtude. Pois quando a inteligência não mantém o verdor, não é mais inteligência. Havendo, hoje, em muitas áreas da educação, do convívio e da cultura, uma invasão dos bárbaros.

E se o espírito envelhece de tanto não ver, nem escutar, vai-se desvanecendo. Ou apagando na noite absoluta. Porque os olhos igualmente necessitam ouvir.

A liberdade apenas se manifesta no vigor do espírito. E não existe grandeza do espírito sem a inteligência maior, a da fé. Na cegueira dos profetas, a cegueira dos atalaias. E se o silêncio os enterra, nada sobra. Nem o silêncio entre as ruínas. Ou a lâmpada se apaga.

Mas observará alguém que sempre encontramos o caminho. Mesmo que o caminho não nos encontre. E se o encontramos, se revela.

Moramos no que o pensador Bauman chamou de "biblioteca de fragmentos", o conjunto de informações. E, curiosamente, ao nos informarmos de tudo, não recolhemos nada. Porque sobrepairamos na superfície porosa das coisas. A insegurança é o sinal deste século, sinal de uma violência e uma desigualdade que amedrontam. E o pior, a falta de humanidade. Ou esfriamento do fervor.

Se não nos refugiamos em Deus, onde nos refugiarmos? As ambições se gastam, os trabalhos se gastam, e, se não nos estabelecemos na perenidade da palavra, o que teremos? "A pedra que os construtores rejeitaram, será pedra angular" — adverte o Salmo.

O vazio é prenhe de abismo, e o abismo, cheio de vazio. Ou penetramos pelo labirinto de que fala o genial Jorge Luis Borges. Mas é o labirinto dentro, não fora de nós. E como ele próprio afirma: "Existe este 'Aleph' no íntimo de uma pedra? Eu o vi, quando contemplei todas as coisas e esqueci? (...) Estou falseando e esquecendo sob a trágica erosão dos anos, os traços de Beatriz." A Beatriz de Dante é o amor, a beleza, ou visão da eternidade. Traços do que nos faz sobreviver. Já que acreditar no impossível é saber ir adiante. E a luz não envelhece. O impossível é o que parecia não existir antes e começa a ser o que decidimos.

Alma da razão

Minha primeira pergunta é se alma tem razão, se ela chega ao limite e não consegue continuar, e alma sai sempre livre do corpo da matéria ou das ideias. Depois até admito que a alma é que nos escreve, desde que nascemos ou depois de nossa desaparição. Alma ou sopro, é o que sobrevive aos escombros. E infelizmente estamos num mundo de escombros. Não só de valores, mas de sonhos, instituições. Porque o tempo depura e cada vez exige transparência. Os velhos estatutos da hipocrisia já não resistem: caem como monte de cartas. Caem, com a estrutura apodrecida. E se antes era até possível levar um elefante no telhado, quando sólido, agora o elefante só funciona no circo, sob a lona da democrática ambição. E há sinais de o próprio circo ir desaparecendo. Por acontecer o inesperado, o próprio circo vai desmoronando sobre os artistas. E os elefantes e os leões fogem para a via pública. Esfomeados.

O que não alcançamos decifrar neste século, onde respiramos e é difícil respirar, devagar são as coisas que nos decifram, por serem tão absorventes ou estarrecedoras.

Após tantas experiências, tantos lampejos de esperança, tanta abominação e crimes, tentamos captar o registro oculto, seguindo o rastro da fumaça para descobrir o fogo. É preciso recuperar o dom da visão, para não sermos transportados pelo engano em cada pausa ou vereda; é preciso recuperar o dom da infância para nova e copiosa alegria do espírito; é preciso recuperar o primeiro amor para não persistirmos a pisar em favos de mel e consciência. Se nos interpretam, mesmo que não vejamos, temos que aprender a interpretar a luz. Pois o que é fácil, não é luz. A luz é de permanência sempre mais alta.

A palavra não dita

Há coisas que não dizemos. E, quanto mais calamos sobre nosso sentir ou pensamento, mais ganhamos no tempo. Perde-se um amigo por pouco. Achávamos que eram tão fortes e até invencíveis as raízes. Mas elas são como as das árvores; num arroubo de chuva ou vento se desatam. O que é humano carrega-se de imensa fragilidade.

Como nos custa gerar uma amizade e quão rápido — o que parecia permanente — rompe-se num desvio de linha ou de fio. Por isso o mais difícil é a duração dos afetos. Basta um toque vibrátil de inveja, um rastejo de vaidade ferida, e lá se vai o mais ardente laço. Também no amor. Se dura, é quando Deus está dentro. Porque o que fica mesmo é Deus.

E os juízos raras vezes acertam. Só se forem no Espírito. Os outros passam como a água sob a ponte, ou no ribeiro. Se há riacho na alma, esse tem mais perpetuidade. Porque o que é humano morre com as estações. O que é eterno, não. Porque a glória não é o sol apenas dos mortos, mas dos que vivem apesar de tudo.

Cuido de minhas palavras, como elas me cuidam. E vão subsistir além de mim. É vidro de janela que não quebra.

O poeta medieval espanhol Arcipreste de Hita, em seu livro *Bom amor*, observa que a fome e o amor movem o mundo. O homem é sombra de outra maior, absoluta. O amor não tem sombra, equilibra os astros, não somente os movimenta, como queria Dante. Karl Marx defende a primazia da fome, numa visão social. E Freud defende o amor numa visão do instinto. Embora a fome e o amor se associem pelo fundo da alma, como na arte, a água e o fogo. Elementos aparentemente inconciliáveis. Com a natureza de um não nascendo da natureza de outro. Mas se forjando no milagre. Ou quem sabe de um sim. Meu filho Fabrício, em entrevista, afirmou que escreve para se arrebentar de vida. E eu, para me arrebentar de amor.

Se há coisas que sabemos de cor, outras não precisamos saber, de tanto tê-las vivido, mas estou na sabedoria que a velhice depura, tal uma pedra à beira do abismo. Se a pedra cair, podemos cair juntos. E se a afirmarmos, temos fundamento nas estrelas.

Espécie humana

O cão Desidério, leitores, é o cão por excelência da espécie humana. Não gosta de latir forte, fala com os passarinhos, é habitual conviva da Nuvem Letícia (quantas vezes os vi conversarem animadamente, não sei em que língua — mas não importa!). E não se considera o mais honesto da espécie, nem o mais cristão; muito menos, o mais cordato. Às vezes não fala pela língua, mas pelo movimento do focinho.

E diferente de muitos, inclusive deste escriba, não trata de política, nem late sobre os problemas inflacionários. A política não sabe mais para onde ir, o país desfalece na curial ineficiência, mas Desidério nega-se a dar qualquer parecer. E dá impressão de sofrer de indigestão crônica com tal assunto. Ademais, Desidério não é salvador da república, nem de si mesmo. Acha que o prazer é cuspir para fora coisas desagradáveis, cuspir de alma para fora.

Outro dia eu me deparei com ele nos cantos, como se estivesse embriagado. Pensei: Ele não é como alguns que se embriagam de si mesmos, deve ter bebido algo que o deixou entorpecido. Comeu um livro de poemas, inteiro. Num upa. Com entusiástico poder mastigatório. O que é intelectual, poético ou humano se mastiga, e não me incomodei. Se ele é inveterado leitor, que seja respeitado no seu ânimo cultural. Alguns não leem sequer um livro, e Desidério não só lê, mas come, absorve lentamente a matéria sapientíssima.

Julgo que assim fica cada vez mais culto, mais prestativo, mais capaz de compreender os demais humanos, ao nutrir-se do jubiloso osso das letras. E ele é diverso de muitos eruditos que, ao digerir livros, não conseguem pensar sozinhos, citam desesperadamente, por cada partícula ressoante no seu estômago.

A lucidez é quando a vela dos olhos de Desidério se acende. Porque ser do gênero humano não é pouca coisa — é estirpe rara —, é separar o tutano da fome. E como é um cão antigo, não se envolve na tal prudência, usual como argumento para tanta estupidez.

Rabelais dizia que rir é próprio do homem, e o que poucos sabem é que Desidério aprendeu a rir. Quem percebe a oscilação da retina e o focinho, repara num certo frenesi animal. Talvez sem que me dê conta, pode estar rindo de mim por escrever estas páginas. E, se não me cuidar, comerá também estas páginas com apetite ancestral.

Quis colocá-lo numa universidade e é certo que faria com desenvoltura o vestibular — e, se for de cruzinhas, marcará com as patas as respostas com indizível inteligência. Deu-me a entender que preferia ser autodidata de nascença. Eu não sabia o que era isso. Depois me dei conta de que é o conhecimento que se adivinha intuitivamente, sem esforço. Desidério, portanto, tinha com ele a eficaz burreza da sabedoria. Como se tivesse brotado — não da raça dos cães — mas da piedosa raça humana.

Existirá o amor

Li recentemente um cronista paulista citando o conde de Rochefoucauld, do século XVII, o qual dizia que amor verdadeiro é como o espírito: todo mundo diz que existe, mas ninguém viu. Mas não preciso ver para sentir poderosamente o amor e nem preciso defender o espírito, ao senti-lo. Não precisamos ver para perceber a existência do amor e do espírito, quando às vezes ambos se confundem, pois não há amor tão grande que não seja cheio de espírito, nem espírito pleno que não seja amor.

Mais do que o pensador francês citado, prefiro seguir o verso de Dante Alighieri, que escreveu ser "o amor que move o sol e os demais astros". Porque sem sol a natureza feneceria, pois as plantas também se alimentam de luz e o sono eterno cobriria a criação. E nós, sem amor, perdemos o senso de existir. Começando com a mais forte experiência que se possa ter, a de Deus. Negar tais coisas é nos negarmos. Porque não respiramos apenas com as coisas que vemos, também com as que não vemos e nos surpreendem. O universo tem sua parte invisível à nossa percepção e nem por isso não existe.

A grandeza de um homem não é o que ele alcança, mas o que pela fé sabe que existe.

Esse niilismo de Rochefoucauld confirma que a razão não é a maior inteligência deste mundo que nos cerca. Porque a razão quer tocar, e o mais importante é exatamente o que ela não toca. O invisível é tão ou mais precioso do que o visível.

E vos confesso, leitores, que cada dia mais pressinto que estamos rodeados de amor — mais do que o do ar, do fogo ou da água — que se comunica conosco, e estamos sujeitos ou condenados ao fulgor da palavra, que é amor; estamos condenados ao Absoluto, que nos aparece nos sonhos. E há um texto de Jó que me toca: "Deus fala com os homens, quando dormem e dita seus ditames." Há muitos artistas que sonharam suas obras antes de existirem, como há cientistas, a exemplo de Einstein, cuja teoria da relatividade teria vindo num sonho. Goethe e o nosso Manuel Bandeira referem poemas que brotaram do sonho. Porque somos os nossos sonhos, somos o amor, e se há algo que não perece no homem, é o espírito. E o fato de não nos darmos conta dessas coisas fundamentais não impede que continuem e continuem, apesar de nós. Como observa Clarice Lispector, "o que verdadeiramente somos é aquilo que o impossível cria em nós". E, a propósito, o meu cão da espécie humana, Desidério, não tem indagação, porque o amor e a fidelidade ao seu dono são irrefutáveis.

O criador de passarinhos

Não era meu pai que criava os passarinhos; os passarinhos é que criavam meu pai. Ou o canto dos pássaros talvez não tenha ficado com meu pai; veio até este seu filho-poeta. Porque esta arte do verso é deixar que os pássaros cantem dentro, até que a música seja a do mundo. E é preciso, leitores, cultivar essa música que cresce em nós.

Lembro, comovido, de como meu pai — comerciante, prático, objetivo, assuntando negócios, amava os passarinhos. E amava os livros: inventou minha primeira biblioteca. Foi ali que conheci Shakespeare, numa coleção portuguesa, Alexandre Dumas, José de Alencar, Machado de Assis, Castro Alves, Júlio Verne, entre outros.

Dirão alguns que este poeta vive nas nuvens. E acertam, na medida em que — não tenho escondido — uma Nuvem o acompanha e se chama Letícia, que até pode, muitas vezes, confundir-se com ele, ou com ela.

Mas poucos devem acreditar — e por quê? — neste meu lado prático, com forte senso de realidade, que veio de meu pai. E é o senso de ver o que está acontecendo em torno. Não estamos sozinhos, mesmo que assim julguemos. "É difícil suportar tanta realidade" — escreveu o grande poeta inglês T.S. Eliot. Ou é a realidade que nos suporta. Estamos acordados no sonho, ou sonhando acordados. "E a nossa vida é um sonho" — anotava um poeta espanhol. Sonhamos até a luz nos entender, ou entendermos a luz. Porque ela também tem canto de pássaros. Como meu pai me dizia: É preciso se acender com os passarinhos! Ou é a medida de descobrir, apenas, em que parte da existência se acendem. Ou nos acendemos com eles.

Desde o filosofante cão

Tinha um cão chamado Agamenon, com nome de um rei grego. E, se não tive, sonhei que possuíra. Parente próximo de outro ser canino, o Desidério. E os sonhos têm a cara da realidade, inda que não se veja a cara dos sonhos.

Consta que os cães são reis no seu território e não admitem dividi-lo. Mas Agamenon não estava preso como nós, ao passado; rumina o presente e o que alcança de futuro. Nosso país precisava ter essa qualidade de Agamenon, mesmo que não se possa segurar somente no futuro.

Quando Agamenon late, parece filosofar. Saem de sua boca fonemas de luz. Mas o filosofar deste cão não é igual ao de alguns pensadores; é em torno de seu precioso osso. O tutano então é o mais apropriado petisco.

José Ortega y Gasset, autor de *Rebelião das massas*, assegura que "para que a filosofia impere, não é preciso que os filósofos imperem. Para que a filosofia impere, basta que os filósofos sejam filósofos". Para que a poesia reine, não é necessário que os poetas reinem, mas que os poetas sejam poetas. Para que a obra de Deus reine, é preciso que a fé seja viva na palavra e a palavra seja viva na fé.

Nem filósofos, nem poetas, nem os que acreditam no sobrenatural nada fazem, sem que o amor impere. O que muda a história é a forma com que se vive. Com amor verdadeiro não há crise, apesar de muitas vezes a filosofia ou a poesia se alimentarem da crise, para o crescimento.

Pensar alto é poder voar. Sonhar alto é tocar as estrelas. E a vida é bem maior do que a sua circunstância.

Nós, humanos, nos entregamos ao pranto e ao riso. Mas não é isso que nos sustenta. A lágrima se esgota na água e a alegria se completa em seu desbordamento. Algo mais nos chama. Observava Nietzsche — "Tudo quer eternidade." E a buscamos, até que ela nos queira.

Mas o cão Agamenon tem fome e, para ele, saciá-la é a mais profunda filosofia. Frisei que, ao ladrar, o cão parecia filosofar. Hoje tenho certeza de que filosofava. Era leitor inveterado. Se deixasse algum livro perto dele, mormente de pensadores contemporâneos, como Kierkegaard, ou Leibniz, ou Ludwig Wittgenstein, ou de cientistas como Einstein ou Marie Curie, ele os abocanhava, com uma ferocidade deleitante. Seus olhos chegam a cintilar, apreciando as apetitosas páginas. Poucos leem semelhantemente a ele. Com tal vontade de investigar. E se falasse — diria que só a experiência ou a arte de digerir é capaz de abrir novos caminhos. Não discuto. E ainda há pessoas que ignoram ou desconhecem, por soberba, a doutoria dos ruminantes, a teologia dos pássaros, ou a mastigante e irradiosa sabedoria dos cães.

O potencial de coices

Nós, humanos, temos um potencial de coices a sofrer. Não se sabe se, mesmo na velhice, continuam nos batendo as patas dos cavalos. Ainda que não saibam o que fazem — e, o pior, nunca saberão. Nem carecem de saber, quando o coice inexoravelmente acontece.

Nisso não vai metafísica — se ganho honrarias, nelas, ao lado da alegria, vem um golpe de certeira pata. O mais infeliz é de algum eventual amigo.

Amigo? O leitor indagará, espantado. Sim, não é a ocasião que faz o irmão, é a pata.

E bem-aventurados são aqueles que galopam ditosos pelos prados verdejantes do convívio.

Mas ao menos o coice não dissimula, não mente, não frauda. Ou é despojado como um tiro no alvo. Zás!

E as velozes patas derrubam e é bem dosado o estribilho das ferraduras.

Merece um tratado filosófico o trajeto bilioso da exemplar pata.

René Descartes — que defendia a razão — não percebeu quanto um bom coice a aprimora. Platão talvez, ao se debruçar sobre o mito da caverna, restou sem saber sobre o coice humano e a gruta avassalante do movimento das patas. Ó penúria da alma!

E o potencial de coices está na razão direta da surpresa. Se esperas o coice, ele não vem. Torna-se precavido, prudente, alarmado. E no instante em que nada mais aguardas, desce igual a um trovão, a pedrada do coice. Desce!

E Voltaire, que previu ser o futuro bárbaro, mostrou senso, encaixando um verossímil número de coices.

E o coice é a insustentável leveza do ser.

A arte de compreender

Não basta ler um livro ou dialogar com uma pessoa. É preciso entender. E é ato de amor. Não vou ensinar a leitura da palavra às formigas, ou aos pássaros. Ou mesmo aos animais da floresta. Mesmo que Francisco de Assis tenha conseguido, conforme consta, conversar com os lobos e com as aves do céu. E, ao conversar, compreendiam a linguagem de uns e outros.

Porém o coração humano tem um idioma que vai além dos sinais e símbolos. O afeto tem olhos que são ouvidos. E penetra na secura ou rudeza. Sabe auscultar a profundeza desse poço que é o ser humano.

E o ritmo acelerou-se de tal forma, como se parecesse imóvel. Todavia, a vida é maior do que o tempo, a inteligência do coração na palavra é maior do que a vertigem dos acontecimentos, com a capacidade de descobrir em cada página ou criatura o mais duradouro e verdadeiro. Porque tantas vezes a nossa verdade se esconde sob a casca de timidez ou medo ou pudor. É preciso romper a casca para chegar à semente, é preciso crescer na semente para atingir o fruto.

Não se torna importante apenas que leiamos as coisas e seres, como também ter a humildade de permitir que nos leiam. Assim não há somente a educação dos sentidos, mas a educação "da pedra que entranha a alma", como anota, num verso, João Cabral de Melo Neto, imenso poeta do Recife e do Brasil. Ou a pedra que tem a alma dentro.

Compreender é inventar-se no desconhecido, esse que é sabedoria e porta da percepção. Com o dom de curar ou lavar as feridas que se ocultam e não gostam de vir à tona. A palavra faz isso. Clarice Lispector dizia e é real — que o difícil é alcançar o humano. Mais prazeroso, no entanto, leitores, se o humano, na sua grandeza e plenitude, nos alcança.

Não ter nada

A vantagem de não ter nada é também a de não poder perder nada. Quantas vezes desejei determinada função e anos se passaram, sendo um cimo que vai se afastando na medida em que se escala, ou o que é concedido facilmente a muitos mais iguais do que outros, e a nós não é dado. Talvez pelo fato de sermos menos iguais. E se percebe a inutilidade da ambição, por mais nobre que seja.

Entretanto, ao não querermos ser nada, não sofremos, não sentimos o peso do preconceito e até rimos dele e da burrice ou mediocridade desses, com seus pequenos crimes cotidianos, ou mesmo da omissão política.

No momento em que resolvemos ser nada, absolutamente nada, ficamos ao nível de nossa pequenez ou humildade, bastando ser o escritor que somos, com a certeza de que o que fica da glória, do renome, são os ossos.

E se pode então dormir sem precisão de futuro, porque o futuro é invenção da realidade, não sabendo nós do minuto seguinte. Ao querer nada, as coisas perdem o sentido e não mais há cimo a escalar, nem montanhas a ascender. Com o mais do que suficiente para viver, olhamos o mundo, os cargos, as organizações, com outros olhos, sem desejo, sem possível concorrência, porque o nada não ousa nada, nem sonha nada, não idealiza nada. Porque o poder não nos subjuga, o sonho não nos arrasta, a esperança é o chão onde se pode ser plantado como semente. João da Cruz, poeta altíssimo, citado por T.S. Eliot: "O que possuis é o que não possuis."

E o que não possuímos, ninguém há de arrancar-nos. Nem a inveja nos alcança, nem a cobiça nos usurpa, nem o furto nos subtrai nada. Não devemos nada. E o amor que temos, é o amor que damos. E a vida toma sua exata medida. Mesmo que o nada não contenha medida alguma.

História humana

Um dia ousei escrever, em dez anos, no Paiol de Guarapari, a *História da Literatura Brasileira,* alcançando os contemporâneos. Felizmente vai para a quarta edição. Obrigando-me a renová-la, com os acontecidos. Alguns não acreditaram que um poeta o fizesse; outros, que eram donos de freguesias, não queriam que mais um "armazém de força viva" se estabelecesse. E se quem podia realizar, não realizou, seja pelo medo de errar ou mesmo assinalado orgulho, era preciso que um poeta, então residente no Espírito Santo, tivesse a cara e coragem de fazê-lo. E a história universal talvez não seja a dos pensamentos, como queria Borges, mas das recônditas invejas, o misterioso enigma das obstinações ou lutas pelo poder. A história da humildade tem outro plano, o do Espírito.

Todavia, escreve-se não só porque se quer, mas porque o sonho é tão grande, que apenas nos liberta nas palavras. Afirma Henry Miller que o que se relata na história "é a interminável criação". E acresce: "Na trama de tais livros encontra-se entretecido tudo o que é simbólico e perene — não estrelas e planetas — mas os abismos que existem entre eles (...). Não leis e princípios, mas círculos de criação em perpétuo movimento."

Chesterton, o ensaísta inglês, é como sempre paradoxal. Assegura que "não há história, só historiadores". Ou a história se escreve sozinha e os historiadores apenas a subscreveram. Como paisagem que existisse independentemente deles. E exagera o referido autor, quando suscita dois tipos de historiadores: uns que narram a verdade, e outros que narram sem verdade alguma. Mas quem há de narrar toda a verdade debaixo da névoa do sonho humano? Quem há de contar o que vai sendo vivido por gerações? Ou que geração é capaz de se reconhecer sozinha, no meio das tribulações?

Todavia, a geração que vem, para tentar permanecer, esquece a anterior, quando "a antologia é o passar do tempo". Depois, em sucessivas, é que se retoma a memória, como ondas que vagueiam no oceano.

Hoje, no que tange à literatura, a crítica ficou nas universidades, saindo, paulatinamente, das revistas e dos jornais. A imagem e a propaganda vão ocupando o espaço da cultura e há um silêncio, que se assemelha ao das tumbas. Ou vem à luz quando explode, de tão viva. Ou mais. É tão viva, tão necessária, que nem precisa explodir.

Paul Valéry adiantou que "a história não é a mesma, que era antes". Mesmo que seu tema, muitas vezes, seja mais a terra dos mortos, do que a dos vivos.

Cão chamado infância

Sonhei outro dia que eu tinha um cachorro chamado Infância. Não entendi, e o que não se entende, não deixa de existir. Achei estranho, porque a infância não é feroz, não morde, não ataca. É a lembrança mais doce e piedosa. Ainda que eu tenha com os cães, os que tive, uma relação muito amistosa. Lembro Argos, Tabor, Vitório Augusto, Letícia, vulgo Lelé. Essa então tomou na minha criação o nome da Nuvem, que me acompanha.

Li uma crônica de Cony que dizia ter a maioria dos cães o nome de Nero, que recorda o imperador romano que incendiou Roma e matava os cristãos no Coliseu. Mas o cão com o qual sonhei não me mordia, era fiel, andava comigo pelas ruas, defendia-me se alguém se aproximasse.

Fiquei cogitando por que meu inconsciente vinculou a infância a um cão. Talvez pela paixão e pelo carinho que me ligam a esse animal, semelhante ao afeto que guardo da infância, em que todos os dias não eram iguais e cada um deles parecia ter sabor do maravilhoso. Não se perdia, nem se gastava, como os dias nos gastam. Mesclando-se à fábula e ao mito. E até penso que o mito existe, para reconhecer que atrás de sua plaga, atrás de suas pedras e árvores, existe infância. E brota como o rocio vagaroso na relva, entre cogumelos e lírios.

O nome da coisa nem sempre é a coisa, mesmo que num lampejo a ilumine. Diz Mario Quintana que a morte não melhora ninguém. E afirma, com razão, que o cão é amigo e puxa-saco do homem. Mas a vida nos pode melhorar, como a infância nos melhora. Tanto que é capaz de nos definir a existência futura.

Tive um colega, no interior do pampa, que chamava o cavalo de Infância e era seu aliado de todas as horas. Bem fez o sonho de me avisar quanto a infância é como um cão fidelíssimo. Não late, não incomoda e tantas vezes dorme ao nosso lado. E como Deus operou com a costela de Adão, retirando dali Eva, a mulher, do meu sono saiu a imaginação. E dela, o cão da infância. O que não nos prejudica, nos soma. O exercício do sonho pode realizar nossos mais belos desejos. E o sono tende a ser uma pequena crônica da Eternidade. Ou talvez o meu sonho tenha servido apenas para criar esta crônica. E basta.

Emily Dickinson

"Sou a mais insignificante da Casa" — escreveu Emily Elizabeth Dickinson, a hoje famosa poeta norte-americana. Em Amherst, Massachusetts, no dia 15 de maio de 1886, faleceu, com a idade de 55 anos. Solteira, só casou com a morte, que "a esperou com amabilidade".

Reclusa por mais de vinte anos na morada dos pais, o que se sabia dela é que cultivava cuidadosamente o jardim, tinha paixão pela poesia e fazia no forno o pão diário.

Como poeta era reconhecida apenas por alguns amigos. Sua discreta existência passou despercebida, não revelando em nada a agitação interior do seu mundo.

Depois da morte, foi achada uma caixa com grande número de manuscritos que meditavam sobre a condição humana. Seguindo sua última vontade, a irmã Lavínia destruiu as cartas e preservou os poemas. Alguns dos escritos estavam costurados com fios, compondo pequenos cadernos.

Sim, ela anotou:

"Eu era a mais insignificante da Casa.
Fiquei com o menor dos quartos.
Pela noite, minha lamparina, um livro
e um gerânio."

Quando sua irmã Lavínia foi indagada sobre a reclusão da existência da poeta, a resposta: Foi um fato casual. Hoje Dickinson é considerada uma das mais importantes criadoras dos Estados Unidos, e das mais inventivas. Seus versos são traduzidos em todas as línguas; é celebrada pela genialidade, por Harold Bloom no seu livro *O gênio*, onde está um só brasileiro, infelizmente: Machado de Assis. Esquecidos, entre outros nomes, os de João Guimarães Rosa e Clarice Lispector.

Para ele, "Dickinson desestabiliza todas as nossas ideias tradicionais. (...) Se alguém é capaz de partir do zero a cada poema, esse alguém é Emily Dickinson... É tão original, que chega a modificar o nosso entendimento quanto às possibilidades do gênio poético".

Registrou num poema: "Minha cesta leva Firmamentos./ Estes, pendem lépidos, de meu braço;/ não posso com vultos mais pequenos."

Ou: "Sua mente de homem é secreta,/ Quando o encontro, estremeço;/ Carrega à sua volta um círculo,/ Do qual não sou adereço."

Ou: "Muita loucura é juízo divino (...)/ Muito juízo — a mais estrita loucura."

A reclusa e discreta Emily Dickinson pode ter sido um fato casual na vida, jamais na literatura.

A condição dos bichos

Outro dia, transitando por Guarapari, nem tive coragem de passar em frente do meu antigo Paiol da Aurora, em cujo pátio, sob crescida relva, dorme para sempre o meu cão rottweiler, que se chamava Argos. "Dorme sem fim", como no poema lorquiano. Recordo sua fidelidade e valentia. Ficava ao meu lado no primeiro andar. Eu, na rede, e ele, deitado, um tempo inteiro. Bastava minha mão no seu pelo sedoso, ou seu olhar seguindo o meu. Diante de nós, o branco oceano e as árvores. Como se fosse ele também uma imensa árvore.

Ao morrer, por erro de uma veterinária, pois lhe aplicou uma injeção — não para o manter vivo, mas para o matar —, não havia lágrima nos olhos, ou todas se foram de chorar. Mal pude ver o cão morto, esticado na grama. Tratei de o sepultar, cavando com a pá, o mais fundo lugar de repouso.

Mas deve correr debaixo da terra, por outros prados e riachos. Deve correr infatigável, com músculos de ervas, flores. E quem defende a tese de que cão não tem alma, não sabe nada das redondezas ou mistérios da criação. Porque a inteligência de Argos era visível. Entendia a minha fala e não precisava de muito. Entendia os silêncios, o idioma do vento. Farejava-me de longe, quando me ausentava. Sabia o dia de meu retorno: estava no portão ganindo. Há coisas que nem carecia de explicar ou dizer. Sentia antecipado. Mais do que por instinto, por afeição. Ou *arte de amar*. E Ovídio, o poeta romano, condenado ao exílio no Ponto Euxino, vivendo entre os bárbaros, por ordem de Augusto, esgotou sua poesia, com a lembrança do seu desafortunado amor, ensinando aos pósteros como falava aos amantes o coração, mas não cantou o extremado amor dos cães, o que foi esquecimento de parte encantada e fiel do amor terrestre. E mais celebraria ainda, se tivesse conhecido, como eu, o vigilante amor de Argos.

É verdade, que a outro filhote da mesma raça, dei o nome de Tabor para que sobrevivesse. Porque designar é fazer existir. Mas o filhote era enfermo e não durou duas semanas. Dei-lhe leite, ração, esforçava-me para que pegasse no sono. E, frágil, não resistiu. Também o sepultei no quintal, ao lado de Argos, O Primeiro.

Não desisti. O próximo cão que adquiri chamei-o, de novo, Tabor. E viveu bem, era forte, guerreiro, como se tivesse o mesmo espírito. Havia, junto com ele, outro companheiro de igual estirpe, Vitório Augusto. Tive que dá-los a um amigo, achando que era digno de cuidá-los. Mudara-me para o Rio e não tinha como mantê-los, por falta de espaço na Urca. Um deles morreu — eu soube. Nem quero lembrar. Ocupam, todos eles, um sítio intocado dentro de mim. Os nossos olhos de dentro e de fora se despediram, ao entrarem no carro que os levou. Tão veloz como se penetrasse no horizonte.

Ao transitar por Guarapari, fiquei tocado de saudade. O mundo está repleto de sinais, é preciso aprender a decifrá-los. E os cães não são apenas sinais de nossa passagem. São as marcas de um amor que resiste. Afirma Aldous Huxley que "a felicidade nunca é grandiosa". A felicidade só é grandiosa quando o amor é grandioso. Nélida Pinõn, amiga de sessenta anos, confessou-me que deparou com outra espécie de afeto com o seu Gravetinho. E estou convicto de que aquele que não conheceu o amor dos cães perdeu uma boa parcela de sua melhor humanidade. Quando o amor ultrapassa qualquer discernimento.

A biblioteca do vento

Nesta Morada do Vento, no Rio, não longe do mar, fica minha nova biblioteca. Não é tão vasta como a que possuía em Guarapari, de andar inteiro. Duas salas, com livros escolhidos a dedo e alma. Muitos clássicos, autores de sempre: desde Dante Alighieri, Camões, Goethe, Cervantes e Borges, Valéry, Hugo, Fuentes, Rulfo, Vargas Llosa, García Márquez, Octavio Paz, Proust, Balzac, Dickens... à Bíblia. E os cavalos, barcos, águias, bichos. Alguns quadros e figuras. O meu esconderijo, que é onde arrulha o espírito como pomba na boca da caverna. Ou arrulham as vozes dos sonhos.

Sítio de plenitude, em que a luz amadurece o coração e o coração amadurece a luz, sim, aquela, a mais pura, que nos visita e reconforta.

Navego. Não sei para onde, mas sei que navego. O tempo não carece de relógio e, ali, não carece de tempo. A felicidade é quando o esconderijo interior e este outro, externo, se confundem. E que um dia denominei Esconderijo da Nuvem.

E me recordo das *Viagens de Gulliver*, de Swift, citado outro dia por meu companheiro e mestre da crônica, Carlos Heitor Cony, sobre a arte de cortar os ovos no café da manhã. Explico. Duas tribos viviam em terrível guerra. Gulliver quis saber o motivo. O rei comentou: "Nós todos comemos um ovo quente no café matinal e meu povo corta os ovos pela parte de cima, a mais estreita. E os nossos inimigos cortam os ovos pela parte de baixo, a mais grossa. Uma afronta que dura 800 anos." E o gigante perguntou: "Não há uma lei que estabeleça como os ovos devem ser cortados?" A resposta:

"Sim, é o primeiro artigo de nossa Constituição!" A felicidade é não se preocupar com a forma que cortamos os ovos no café da manhã. O mais importante é saboreá-los. E não há lei para isso, salvo o preconceito ou a convenção que tentam dirigir os atos humanos. Parecendo que o poder é que tem o senso de nossa realidade.

O leitor indagará: qual a relação entre os ovos quentes do café da manhã e o estar em plenitude, acalentado pelo degustar da leitura? O dom de acolher felicidade e a liberdade com que a mastigamos. Mesmo que, ao fechar a porta da biblioteca, não reste mais nenhum vestígio. Tem razão Montaigne, ao escrever: "É preciso fazer como os animais, que apagam seu rastro na porta da toca." Ou a toca é o refúgio, onde não penetra nem o sussurro do mundo. E nos protegemos do visível com o invisível.

Ausência dos poetas

Mario Quintana tinha um aforismo significativo: "Maltratar poetas é indício de mau caráter." Outro poeta, este, russo, perseguido pelo regime, Ossip Mandelstam, asseverava: "Em nenhum lugar do mundo se dá tanta importância à poesia: é somente em nosso país que se fuzila por causa de um verso." Talvez por ter o grande Miguel de Cervantes inteira razão: "Tornar-se poeta é doença incurável e contagiosa." E não há vírus mais alastrante, impertinente: o da inteligência. A ponto de influenciar até o processo da natureza, com a chuva. "Poetas são engarrafadores de nuvens", escrevia o esquecido Pitigrilli. Ou talvez até sejam as nuvens engarrafadoras de poetas. Até a vertigem das celestiais alturas.

E observando atentamente o bem-te-vi da árvore próxima a minha varanda, que é perplexo diante do comportamento dos humanos, anuncio o propósito desta crônica: se não servir de alerta, que sirva de bússola do instante difícil em que vivemos, quando multidões vêm às ruas para mostrar seu desapreço com o que sucede no Brasil. E uma das raízes é visível, o esquecimento dos poetas e da poesia, ou o abandono de seu verdadeiro historiador.

Octavio Paz assegura que "a poesia está voltando para as catacumbas". Como estão voltando para os lugares insalubres da memória os nossos sonhos, sem desistir da imaginação de um país que o mundo não pode deixar de perceber, por sua criação e seu portentoso destino.

Não sei se tal registro será visto ou escutado pelo poder, por demais absorto em tantas questões. Escreve-se para repetir, já que não fomos antes ouvidos.

Não posso crer — insisto — que nossa república, como em Platão, exile os poetas, ou os ignore, ou os evite. Seriam eles assim, tão perigosos?

O raio deprimido

Augusto Monterroso, fabulista genial, natural da Guatemala, em sua obra-prima, *A ovelha negra*, representativo exemplo da imaginação criativa, escreveu, em "O raio que caiu duas vezes no mesmo lugar": "Houve um Raio que caiu duas vezes no mesmo lugar, porém achou que na primeira tinha feito estrago suficiente, já que não era necessário, e ficou muito deprimido."

Nós não somos raios, nem sabemos bem onde na tempestade o raio cai, ou quanta luz possui o raio, ou se é pessoa do espaço ou do susto, ou da morte.

Recordo que, na infância, sentava numa escada de casa e me achava atônito com a tempestade, ou o vento gemendo, os relâmpagos explodindo e a forma como a luz corria. Temia o tombar do raio, sim, sua pontaria desvairada. Mas já pensei que um Raio pudesse padecer de depressão. Ou sofresse qualquer distúrbio de desespero. Ou atraísse sobre si o abatimento ou a mudança temperamental, ou a tirania da tristeza. Ou tivesse consciência dos seus estragos.

Já salientei que não se deve tocar em alma, matéria tão abalável ou sensível, ou devastadora. Mas nunca julguei que atingisse de forma tão fatal os elementos da natureza. Ou a natureza sentisse os eflúvios ou temores do homem.

Sófocles, o famoso teatrólogo da antiguidade grega, advertia que "nada era mais estupendo do que o homem". Estariam os reflexos da melancolia repercutindo no desamparado Raio? Ou talvez o Trovão seja de tal modo gritador, que nem escute a si mesmo no paroxismo. Mas o Raio pode sofrer de depressão.

Se é visão extravagante, a realidade também é, o mundo é cada vez mais o que não percebemos. E de perceber nos exaurimos, quando a maioria das coisas nos escapa. Se alguma vez sonhamos com o Raio, é bom que o Raio não sonhe conosco. Nem nos veja, muito menos nos alcance, tocando mais as árvores altas, que as pequenas ou baixas. Sendo sábia proteção a humildade. Nem se diga que o Raio conheça teologia — o que seria miraculoso — ou tenha a ciência das estrelas. Mas pulsaria na velocidade do Raio, em plena chuva, alguma espécie de amor? Ou teria o discernimento de não querer ferir, ou em breve instante nos reconhecer?

Entre a filosofia e a poesia

Outro dia cogitava eu sobre a relação diferente entre o filósofo e o poeta diante de um queijo. Dei-me conta que o primeiro medita sobre os subterrâneos e os buracos na epiderme, gasta apetite nos pensamentos, deixando até que o queijo o devore. O segundo, porém, é gustativo, concentra-se no prazer. Come o queijo e depois sonha, como se o perseguisse num processo de retardamento da infância.

Conheci um filósofo, Ricardo Valerius. Era um ser estranho. Não gostava de hibernar na vida, mas na morte. E desaparecia por alguns períodos, porque achava que a morte era aventura da razão, quando a razão que é aventura da morte.

Morava na cidade de Assombro, que pode ser em Vitória, ou no Rio, ou em Paris. Não importava a cidade, importava o delírio de pensar quanto a cidade habita a alma, mais do que a alma habita a cidade.

O poeta sonha o delírio e se perturba com o excesso do sonho. O filósofo faz delirar a razão, até os seus escombros.

Dirá o leitor que estou imaginando. São as palavras que me imaginam.

E se o filósofo é usado por seus ideais, tentando entrar na origem das coisas, o poeta é o que busca pegar ideias em flagrante. Mas às vezes o ritmo, ou o esplendor dos vocábulos, ou as rimas, são capazes de o arrancar para fora, através de relâmpagos ou trovões de sua natureza tempestuosa. Chuvosa é a poesia.

Se o filósofo é vocacionado por uma razão avassaladora, determinante, o que resta a ele depois de a razão terminar, ou se acabrunhar no limite? A poesia não termina nunca, por sua tinhosa razão se encontrar na infância.

A aventura da escrita

Fernando Pessoa diz que "a pátria é a língua portuguesa". Penso que a língua — mais que pátria — é uma aventura, onde se dobra o Cabo das Tormentas e se aprende a deixar a linguagem voar, e nós, com ela. O que voa, é o que permanece. O que fica no solo, se esvai. O ar é o território da viagem.

Anoto isso a propósito do que o grande escritor francês Francis Ponge observa: "Os poetas não têm de modo algum de tratar das relações humanas, mas de ir de cabeça até o fundo do poço." E eu próprio tive a experiência na poesia de *O poço do calabouço* (que teve nova edição pela Unisul/Escrituras, em livro de bolso) e, noutra fase, em ficção escrevi *O poço dos milagres*. Como se andasse de poço em poço. Mas a cabeça na Nuvem.

É interessante o que adiante alega o mesmo poeta — "Ah, como eu queria entrar dentro da maçã!, e tudo o mais. Não se trata disso. Trata-se fazer um texto que se pareça com uma maçã, quer dizer, que tenha tanta realidade quanto uma maçã." O que efetuou no romance, Clarice Lispector, com *A maçã no escuro*. Mas criar uma maçã é mais do que desenhá-la: é existir junto, como se fosse a semente de maçã ou a macieira que a suspendesse no galho. E, se não sacudirmos as coisas com a palavra, as coisas nos sacodem. Não existe meio-termo no ato de inventar ou viver. Mas não se inventa com a razão, inventa-se ao natural, como se respira. Tudo se engendra do navegável ar.

Muitos consideram os poetas muito lúcidos ou inteligentes. E conheci pessoas que relampejavam, como se arrastassem a tempestade. Mas não eram seres criativos; alguns nem sabiam o que fazer da inteligência. O que podia ser acréscimo, era estorvo. Pois a inteligência serve à criação, não a criação à inteligência. Os poetas, às vezes, criam sem saber o alcance ou o significado profundo do que fizeram. Porque o não compreender de imediato, integra o inventar. A tudo se ama, mas nem tudo se conhece. E o que se conhece, nem tudo se ama.

A rotação do mundo

Não sou quem dirige o movimento do mundo, e nem seria capaz disso, mesmo que o quisesse.

O mundo gira independentemente de nossos problemas ou aflições, porque o seu ofício é o de girar e, se não girasse, tudo acabaria.

Não preciso acordar mais cedo para que o mundo gire e continuará a rodar depois de mim. Como as estrelas continuarão brilhando. Mas não importa! Nem vou deixar de tomar o café, com o bom queijo e o pão aquecido. Ou almoçar tranquilo, ou serenamente cear, olhando a organização da noite.

Ainda bem que a regência do mundo não é dada a nenhum homem, pois seria capaz de querer ter lucros, rendimentos em cada rotação, ou não funcionaria, como sói suceder em algumas repartições da República. Ou entraria a absurda burocracia, que emperra generosamente qualquer máquina. Sendo inclinados a jogar num quintal, ao abandono, se viável, as rodas que movem o mundo. Como ferro-velho imprestável.

Ainda bem que não a podem impedir e tudo vai girar, como é preciso.

Sim, o mundo roda, mas não é bom, nem justo. E não somos inquilinos de nada, por transitarmos com tanta velocidade. Nem proprietários somos das estações. Se nos resta algo, é apenas sermos mordomos do que existe. E é muito.

Nada podemos fazer para alterar ou reformar o sistema ou a ordem do planeta. O que não consola, nem edifica. Ainda que desejemos olhar pela fechadura o universo, se nem podemos olhar pela fechadura a nossa própria alma. E se a víssemos, talvez nos encantássemos para sempre, cristalizados pelo seu esplendor.

E o cosmos é obra-prima de Deus, que jamais será, no parecer de Malraux, "um erro melhorado". Deus não erra, tendo sido capaz de tecer a suprema arte do firmamento na ponta dos dedos.

Esquecemos de nos ver para dentro, porque ver lá fora é muito mais complacente e fácil. Não nos angustia, nem fere a matéria do tempo.

Voltaire, o inquisitivo enciclopedista francês, dizia que o futuro é bárbaro, bárbaros são o presente ou a esfera dos grandes interesses, ou o próprio homem, lobo de si mesmo. E "nada se sabe do que ele é capaz" — murmurava Charles Dickens — "até que o tente". Todavia, se a esperança não corroer a esperança, tudo é mudável, menos o mundo que continua implacavelmente a rodar, sob o olhar cauteloso ou perplexo das repúblicas e dos reinos.

Estado de poesia

Rainer Maria Rilke, o grande poeta alemão, que se dava ao luxo de passar tempos num castelo, a escrever versos, por benemerência de um mecenas, teria morrido pela virulenta ação de um espinho de rosa, agravada por sua leucemia.

E vaticinou seu epitáfio: "Rosa, ó pura contradição,/ prazer de ser o sono de ninguém/ sob tantas pálpebras" (em tradução de José Paulo Paes).

Li Po, um dos maiores poetas chineses, teria morrido, segundo a lenda, num barco, embriagado, tentando abraçar a lua nas águas do lago, afogando-se. E "desde a antiguidade" — anotou ele — "veem-se ossos brancos pela areia amarela" (tradução de Cecília Meireles).

Anacreonte, o vate da Grécia Antiga, faleceu engasgado com um caroço de uva, sem que um vestígio desse cacho mortal tivesse lhe sobrevivido.

Virgílio, o épico latino, morreu de febre em alto-mar, o que foi motivo de um romance do alemão Hermann Broch, *A morte de Virgílio*.

Guimarães Rosa, épico dos Gerais, morreu por enfarte, inebriado pela emoção de haver entrado na Academia Brasileira de Letras. O que previra ao adiar infindavelmente a posse. Até a sua outra, em Deus. Acabando por ficar, como ele afirmara um pouco antes, "encantado", por querer imitar, invariavelmente, as suas atinadas palavras.

Fernando Pessoa, por querer ver, no derradeiro leito pediu que lhe trouxessem os óculos. E sua última frase foi: "Não sei o que o amanhã me trará."

O que comprova que a morte é inesperada, arbitrária, inventiva, voluntariosa, desamparada e se fascina com a forma de matar. Não respeitando poderes ou privilégios, abastança ou pobreza. À espreita, como pantera na sombra. Não impedindo que capture alguns: no mais alto estado de poesia, que, para o espanhol Federico García Lorca, "não quer adeptos, quer amantes". Ou gozar os sortilégios da imaginação. Até o delírio. Com supremo silêncio. Ou soberania da luz. "Como o vento que passa e não guarda a palestra dos homens", no dizer de Machado de Assis, que expirou em casa, cercado da admiração dos contemporâneos.

Pode a morte subsistir num espinho, ou no caroço da uva, nas águas, ou dentro de um navio, na velocidade do avião, ou na devastadora emoção acadêmica. Mas não é ela que tem a última palavra; é a graça que vem da eternidade. Ou o dom que a vida possui de suplantar a morte. Com a certeza da ressurreição.

Para mim não interessa a forma de morrer. Nem nos cabe a escolha. Desde que se permaneça aceso e em pé. Diante do Deus vivo.

A luta pela água

O dia tem melhorado de sol, e as cidades têm piorado de água. Sim, a verdadeira luta, ainda que surda, pela água divide governos, com a escassez que está ocorrendo. E confirma: gastamos demasiado o que hoje nos falta. Por não respeitarmos a natureza, a natureza nos pune. E a água começa a ser tão preciosa quanto o ouro. Ou mais, vivemos sem ouro mas não vivemos sem água. Como não podemos viver sem pão. E a aridez das represas repercute, ferozmente, na alta da energia.

Recordo que, ao escrever *Riopampa, o moinho das tribulações*, publicado pela Bertrand Brasil, em 2000, tratei exatamente de uma guerra entre dois territórios — Riopampa e Solturno. Um era banhado pelo rio Tonho (ou Sonho), e outro tentava resistir na secura, fazendo seus habitantes sofrerem de dura privação e sede.

A única solução de sobrevivência foi a luta, por querer Solturno pegar, à força, uma parte do rio de Riopampa. Ao não ser alcançada a obtenção de água do rio na paz, veio a guerra. E foi Curt Meyer--Clason, o extraordinário tradutor de Guimarães Rosa ao alemão, que me chamou a atenção ao fato de ter sido um latino-americano aquele que tocou num assunto que os europeus não mencionam na literatura, ainda que sintam o minguar da água.

Sem saber, doze anos atrás, estava no futuro, porque criamos o que nos ultrapassa.

Nós somos a palavra que nos inventa. E o tempo que andava em nós, é o mesmo que nos encontra adiante.

A Nuvem Letícia, que não padece dessa ausência, por tê-la em excesso, podendo chover na horta de minhas pequenas precisões, riu muito. Não entendi o motivo. Mas o que se entende de uma Nuvem, em seu mistério? E como não há hortaliças na alma, não morre a alma por carência de água. Morre, sim, por carência de sopro e de espírito.

Tal se o verbal relógio não se atrasasse nunca e funcionasse além. Por dentro da imaginação. E "como nada no mundo é insignificante", no dizer de Schiller, o desperdício que se concretiza, aqui, vai ser necessidade, ali. Mostrando que até no pouco de água pode se esconder um rio.

A extinção do livro

Com genialidade ao lado da idiotia, a condição humana gravita entre grandeza e pequenez. Até se discute se o formato eletrônico substitui o livro. Porque amamos o novo e esquecemos o que parece velho.

E me recordo da feliz expressão de Saint-John Perse, poeta francês: "O que tem cem anos é velho e o que tem mil anos é contemporâneo." Portanto, a vocação da raiz é a vocação do futuro.

E se alguns acariciam a ideia fixa de que o livro desaparecerá, não há nada a dizer. E os que querem que ele se extinga, não significa que tenham razão. Observa Umberto Eco: "Nada mais efêmero do que os suportes duradouros." E se refere à parafernália eletrônica. Explica ter a Internet voltado à era alfabética, ou à civilização das imagens, advertindo que o livro não modificou sua função, nem sua sintaxe, faz quinhentos anos. E não há nada melhor, mais funcional e útil do que o livro. A notável Internet pode, no porvir, com a velocidade da técnica, deixar de existir, como tantas coisas antes. Aliás, Umberto Eco cita como exemplo o fim dos dirigíveis depois do aparecimento dos aviões. Afirmavam que a televisão absorveria o cinema, o que não ocorreu.

O livro se assemelha à descoberta da roda, que é da pré-história. De uma riqueza tal, que avança sobre a oralidade e integra signos, vocábulos. E a aceleração a favor das imagens jamais poderá anular a precisão de pensar ou sondar as causas primeiras do mundo que nos cerca. E são os mesmos motivos que levaram a Inquisição, por exemplo, a queimar livros. Iguais argumentos que fazem com que gerações os colecionem e os guardem em arquivos ou bibliotecas.

E, graças ao livro, persistiremos lendo, com a alegria com que ouvimos o cantar dos pássaros. Ou os pássaros verão o balbuciar dos homens atrás das palavras, como se elas também gorjeassem. Os inocentes de espírito as verão verdes, brotando, e os astutos, escuras. Com uma verdade que o homem, às vezes, quer esconder de outros homens.

Mas acaso esconderá?

A contemplação do mar

O grande Rubem Braga descreve a primeira vez que viu o mar. E quantas vezes o tenho visto. Morei em Santa Mônica, junto ao oceano, anos a fio, no meu então Paiol da Aurora. Dormia com seu rumor, depois era difícil acostumar-me sem ele. Escrevi uma "Ode ao mar de Guarapari", ainda inédita. Depois residi na Urca, do Rio, sob a Casa do Vento, e a construção tinha a forma de navio, com sólida tessitura de pedra e madeira. Na varanda, assistia à passagem dos barcos e, domingo, o ruído sussurrado dos pescadores, que vinham de todos os lados. Na tempestade, ao ventar, a casa tremia nos alicerces, tal se gemesse no cordame dos mastros ou a popa de imensa embarcação.

Não em vão o mar invadiu a minha infância, ou a infância invadiu o mar. Há um verso de "Silbion", de 1963, que refere ser "a infância, um palácio no exílio", por estar repleta de mar, com ondas e algas, albergados pela alegria de estarmos vivos.

Quando viajo ao interior de Portugal, onde há mar, ele não me parece estranho; é como se continuasse aquele que me vislumbrava, de menino. Apreciamos tudo o que é estrangeiro, paisagens, livros, autores. A esses colocam na capa de importantes jornais — ser estrangeiro é novidade. Mas as águas são as mesmas, a mudável pele das estações, as marés que se assemelham às da alma.

Se é verdade que o dia cada vez é menor, o oceano cada vez mais se amplia e se agiganta. Quem nele anda, tem nítida impressão de um alazão cavalgando na campina, ou corcoveando. Seus olhos me entendem, semelhantemente a um animal a seu dono. Ainda que não sejamos donos de nada, nem donos talvez de nossa possível solidão ou grandeza.

O homem tenta amarrar o mar, desocupá-lo, pondo-o a seu serviço ou estimação, mas o fôlego dele é inarredável, de invencível potência ou deslumbramento. Ele sabe o que fazer de nós. Se nos descuidarmos dentro, no entanto, jamais saberemos o que fazer dele. Imprevidente como o destino.

O gênio e a infância

Um estudante inglês, Jamie Edwards, de treze anos, construiu um reator nuclear — em casa, nas horas vagas, com o dinheiro que sua avó lhe dera no natal. Há dias, na escola, ele apresentou o invento: fez dois átomos de hidrogênio se chocarem e provocou uma fusão nuclear. Isso relata o cronista Ruy Castro, na sua conhecida página. Mas não é a regra.

E recordei o que G.K. Chesterton narrou a respeito de Tomás de Aquino, adolescente: "Havia um aluno que se destacava por sua estatura gigantesca e sólida, um aluno que não conseguia se sobressair por qualquer outra coisa ou se recusava a fazê-lo. Ele falava tão pouco que os colegas começaram a supor que, além de 'calado', ele era também 'embotado'... Apelidaram-no de Boi Mudo. E teve uma vida de genialidade sem paralelo."

Falando de Gustave Flaubert, Sartre descreve a criança retardada, em *Idiota da família*: fazia esforço na escola para aprender e não conseguia. Chorava por isso. Só mais tarde, alcançou as crianças de sua idade.

Einstein na infância falava pouco e não se concentrava nas aulas e era tido como retardado, conta um dos seus biógrafos. E a teoria da Relatividade lhe adveio num sonho.

O primeiro caso se compara ao de Mozart, aos cinco anos, ou ao de Arthur Rimbaud, aos dezenove anos. Ou ao do padre Antônio Vieira, que, na meninice, teve o seu famoso "estalo" na mente, em Salvador, da Bahia.

A genialidade é um mistério, embora, na área da criação, haja precisão de maturidade e experiência. Não importa quando começa a *explosão*. Mas é Goethe que afirma que "as naturezas geniais vivem uma puberdade renovada, enquanto os demais só são jovens uma vez". Mas também se manifesta na longevidade de alguns gênios como Picasso, ou mesmo Ticiano, aos 99 anos. Ou depois da morte, como Fernando Pessoa. O que, no entanto, os singulariza é o fato de serem meninos grandes na idade adulta. Ou terem enorme paciência ou perseverança nos objetivos. E o curioso é que o gênio não vem da tão alegada inteligência; é uma outra, a inteligência do abismo.

Uma rua de Gravataí

Já escrevi certa vez, que, para minha alegria, soube que há no Rio Grande do Sul uma rua, na cidade de Gravataí, com meu nome, ao lado das ruas: Manuel Bandeira e Carlos Drummond de Andrade. A companhia dos dois é feliz; se há eternidade na poesia, também bem-aventurada a terra que se lembra dos poetas, pela chama que é maior do que eles, ou pelas palavras que contam as estrelas, sob Aquele que sabe o nome de cada uma. Nessa rua moro de imaginação.

Diz Elias Canetti: "O que um poeta que não vê, não aconteceu." Mas digo o que aconteceu. Tenho um filho, Rodrigo, que foi promotor da Justiça em Gravataí e me relatou: houve um crime de um morador na rua de meu nome. E Rodrigo apresentou a denúncia, mencionou a rua e assinou. O juiz estranhou a relação dos nomes. Um acaso. Mas não seria o acaso uma invenção da realidade?

Ignoro o tal indiciado, a rua não tem culpa e ganhou meu nome talvez por me acharem morto. E fui honrado de estar vivo. E sei que Bandeira e Drummond continuam vivos, mesmo mortos. Por não morrer a cintilante palavra do coração.

É curioso que o búlgaro Canetti, a quem foi concedido, em 1981, o Nobel de Literatura, adiantou num texto: "Os verdadeiros poetas apenas encontram seus personagens depois de os terem criado." Mas, no caso concreto, o nome do poeta encontrou o personagem. O morador denunciado é agricultor, ou negociante, desconheço se foi absolvido ou condenado. Mas dou-me conta de que a rua é povoada de seres capazes de amar, sofrer, ou praticar delito, ou santidade, ou cometer sonhos ou versos. Passam carros, pessoas, animais sobre ela. Chove ou faz sol. Transitam estações. Não se pertence. Ademais, a sina não escolhe a rua, nem escolhe a rima, muito menos o vivente. Como o destino não cria tribunal humano para os poemas, embora todos arrostem outro tribunal mais proceloso, o do tempo: de onde os poetas são cães — assegura o romancista de *Auto-de-fé*. Talvez cães do futuro, cães farejando a luz. Ou a luz que vai sendo solta na língua. Até nascer a manhã. Ou andorinhas que vão devagar seguindo o movimento do oceano, linguagem. Talvez revoem sobre a rua do nome, que pode ser a do mundo.

A poesia e as crises

A poesia não tem pátria. Nem a palavra. Pode variar de idiomas, mas a palavra, por ter alma, não possui pátria. E nada possui em comum com a política, ou com suas crises, em regra, artificiais. Com desígnios de provocar resultados com fins que tentam, alucinadamente, justificar os meios.

Ou porque os governos se sustentam das crises, para distrair o povo das coisas primordiais, ou apenas para sobreviver. Dizia Napoleão Bonaparte que "a política não tem entranhas". Como um elefante, é penoso remover seu corpo. E o pior, se ficar exposto.

O tempo em geral é saúde. Mas na política é doença contra a esperança. Doença de adiar para amanhã o que deve ser feito hoje. Doença de ideologizar os partidos, como se fossem alheios ao sentido coletivo. Albergando cúmplices e embriagando consciências.

A poesia não tem pátria e não custa nada. Possui leveza como o ar, a luz, a água.

O que dura tem leveza. Até o verdadeiro amor tem leveza. Mas a paixão pesa.

Ao ler um poema, ele também começa a nos ler. Descobrindo nele o que se esconde de alma, o que nele permanece nosso para sempre. Mais do que ao autor. Mais do que o escuro das metáforas, que emergem, soberanas, da boca do poço da alma.

Não é em vão que o grande Keats julgava a poesia "uma verdade para sempre"; Novalis, "o real absoluto".

Carlos Heitor Cony, mestre da crônica, afirma que um abacate vale mais do que uma crise política. Concordo com ele. No fundo da garganta ou do quintal, seu sabor tem alegria de amanhecer. E a tal crise política também não alcança ser um melão maduro. Ou talvez manga. De preferência degustada na varanda da casa. Ou no alarido da feira.

Ossip Mandelstam, um dos grandes poetas russos, que foi deportado em 1938 e faleceu em campo de concentração, afirmava, com sobrado motivo, que o poeta é uma das pessoas mais importantes do mundo, porque é capaz de ser preso por causa de um poema. Enquanto isso, as crises políticas são apenas um diletante choque de opiniões, ou balbuciar de subalternos interesses. E os interesses passam na serôdia chuva. Ou antes.

A poesia não tem crise, havendo verdadeiros criadores. É vigorosa, ambiciosa, restauradora. Sendo poeta apenas o que consegue levitar com suas palavras. O que não é, ainda que force a razão, não voa. Não voará nunca. Pois a poesia é bem maior do que a gravidade e todas as crises. É vasilha dos vivos. Alimenta sem inquirir motivos. Sonha, sem carecer de sono. Constrói, sem precisar de esperança.

E tem, como queria Pablo Neruda, a clara "mão do dia". E escreve-se para permanecer além de nós mesmos, com o estado de paixão pelos seres humanos, animais e plantas. Recordando a frase humilde e verdadeira da americana Edna St. Vincent Millay: "Leiam-me, não me deixem morrer!"

A infância como uma árvore

Quantas vezes a infância é uma árvore por dentro. Mas fora ninguém consegue ver a árvore e a infância. De tal forma se entretecem e vinculam.

Por que as coisas são tão desconhecidas para elas mesmas, e, nós, tão desconhecidos para as coisas?

Na escola recordo como enchia cadernos para melhorar minha letra e não sei se melhorou ou se enfeiou ou foi alinhada com o perfil de árvore em mim.

E o professor — um militar aposentado, muito antigo — me dizia: Vai escrevendo devagar para as letras ficarem belas e mais bela a escrita.

Escrevia morosamente, com o cuidado de não resvalar a mão. Porque a letra era a mão que desenhava; se era tarda ou rápida, a letra saía entortada como uma colher a quem se força no caule.

O fato é que, com a maturidade e a velhice, aquelas letras se esvaneceram. Na doutoria, começam a ser ilegíveis, como as receitas dos médicos, que só o farmacêutico decifra. Ou nem ele.

Com o sofrimento a letra se expande tal a vela de um barco. Ou se torna nervosa, aflita.

E parece-nos, diante do movimento do mundo, que uma árvore não é mais uma árvore, nem a letra, uma letra. Mas não, imperiosamente não me abandona o senso prático. E nada se edifica em mim como uma árvore. Porque floresce, abriga orvalhos, pássaros que se alongam como ramos uns dos outros. Até o céu, ou a fronde. E de infância somos feitos; se a perdemos, nos perdemos. Sem contar com a irrefutável bondade no arder da infância. E árvore é cimo, são raízes, terra e seiva, fundação do universo.

Nem sei como recolher aqueles acentos de folhas, tronco, enrugada casca, ou curvatura ou elegância de letras, vincos que já vislumbrava na escola.

O caderno de caligrafia é o do sonho. E nada mais se mede, nada mais se equilibra.

Hoje, com o computador, a digitação, não carece de ter mais a minha letra, todas se parecem. Mas nada é igual a uma árvore, nada nos planta com tamanha densidade e nos eleva sob o arco de solene brisa, ou no enfeixar do modulável firmamento.

De infância somos feitos e não acaba, mesmo que a aparente felicidade feche seu ciclo. E continuamos tendo a meninice dentro, como uma árvore que não se verga e proclama a grandeza de existir com outras árvores. E penso com Fernando Pessoa: "De tanto lidar com os sonhos, eu próprio me converti num deles."

Indigência cultural

Nas ondas do Twitter ou Facebook, chegamos a um fundo de "fake news" sobre a vida alheia, numa feira coletiva de burrice, verdadeira selva selvagem, com o mundo absorvente e tão sonolento das redes sociais. Não se pensa; escreve-se, fotografa-se, desabafando — não o mais alto, e sim, o não dizível e o mais descuidado. É a moda, o progresso, inefável desencadear do pior de nossa soluçante espécie humana, com o escarcéu, desprezo ao próximo, borbulhar da ambulante fofoca, sem a mínima inteligência social ou política. E é o recanto habilidoso do crime.

E os livros, como disse alguém, ficaram "démodés", ou mania de intelectual soberbo, metido, subversivo. Pois a burrice se generalizou, é a grande descoberta do milênio, com a sabedoria e o discernimento escondidos na caverna. Ou é o homem que voltou para a caverna da dita comunicação e cada vez se entende menos, ou se conhece menos. Com a violência e a brutalidade — não apenas nas ruas. Pois quando a sensatez se recolhe, o mal avança portentoso. E a estupidez exsurge inesperada, voluptuosa.

Com isso, vêm hábitos ou bordões, com obscuro preconceito ou fanatismo, com a rápida ascensão dos idiotas do momento.

Sendo, hoje, o tempo do encolhimento cultural: as editoras fecham, as livrarias fecham, há uma falência quase coletiva das ideias, com o solerte esvaziamento das leituras e dos livros. Com a opressão do digital e do midiático, sobre a palavra, que é a nossa única resistência. E não choramos mais, por não podermos, tendo pedras nos olhos. Com essas pedras é que nos impedem de ver e sentir. E o triste é o que os livros já não pensam em nós.

Ítalo Calvino, o escritor cubano, que viveu na Itália, observou que "ler significa aproximar-se de algo que acaba de ganhar existência". Mas, sem ler, passamos a um lugar de inexistência, "uma espécie de lugar de silêncio", lembrado pelo salmista Davi. Porque estamos nos enterrando, nesta civilização de clamores e novidades, sob vaporoso nada.

Sobre a polêmica imortalidade

Depois de haver escrito sobre a glória humana, de forma tão peremptória, devo, para abrandar um pouco, dizer certos fatos que se propagam a respeito dos imortais, com os quais, em geral, não concordo. Um deles é que na febre de criar não carecem de sono. Eu, pobre, que durmo bem, mais por necessidade, já que sonho demasiadamente acordado, incrivelmente o sono se tornou minha maneira de esquecimento, ou válvula de escape para a inércia da alma.

Contam outros que a imortalidade não é outra coisa senão a ingestão do chá com propriedades excelsas, ainda mais acrescido de doces e outras iguarias, quase inefáveis. Confesso que isso ainda não desvendei e, se o fizesse, guardaria comigo como segredo pétreo, pois não me convém (ó suave vaidade!) que me achem perene por um chá e não pela obstinada obra.

Dizem outros que a imortalidade nasce das reuniões sucessivas, onde o eterno fantasma de Machado de Assis nos unge com sua paterna sombra e o que falamos fica nos anais que "ultrapassam os anos", na frase de um apaixonado frequentador de conferências que está na sodalícia morte.

Outros espalham o boato que a imortalidade está nas velhas arcadas e paredes, com arcaicas vozes, faces que ali transitaram, com a vontade ciosa de não conviver com a visitadora das gentes. Ainda que haja refutação a tão suspeitoso boato, pois são as pessoas que geram a imortalidade, trôpega ou não, jamais a ambiência ou as coisas que a circundam.

Alguns, não menos ativos, alegam que a imortalidade se amoita nas efemérides. É como são lembrados os que se foram, e, na voz acadêmica, recobram nova vida. Sendo a memória talvez o mais durável desafio contra o olvido. E outro dia me pediram apresentar uma efeméride, pensei logo em Manuel Bandeira e disse não poder comparecer no dia aprazado, postulando um outro confrade que substituísse a data comigo, sublinhando quanto os imortais são brilhantes, não havendo maior dificuldade em me anteceder, com outra possível efeméride. Todos eles — assinalei — têm fôlego, porque a "imortalidade é muito comprida", como afirmava Mario Quintana, que já se encontra lá. E frisei, com eficaz humildade, tirante eu, escriba que tem o destino de carregar uma Nuvem e, confesso, a esperança de me levar com ela. Ou seja, ao dar-se o momento de perceber, atrás da noite, a primavera.

O social e a literatura

A análise de nossa literatura foi invadida por exegetas sociais, quando ela carece é de exegetas que vislumbrem o fato estético e o fenômeno da arte.

E essa invasão cresceu nos últimos anos, ao ser examinado mais o autor, em face da sociologia ou da ideologia, do que a construção da obra, como se a criação fosse um resultado da sociedade, quando a sociedade pode influir, mas não é a criação que merece atenção como um acontecimento em si mesmo, com a intuição, que se ilumina na sensibilidade da inteligência.

Alguns podem ter armas teóricas, ou mesmo bélicas, advindas das universidades ou da prática da constante leitura, mas não sabem como usá-las. Ou melhor, não sabem o que fazer delas. Restando inertes como geringonças no jardim dos mais altos desejos.

Sim, na medida em que certa crítica vai-se arredando do processo artístico, para o processo eminentemente sociológico, vai-se afastando também da área da literatura, seja da prosa ou da poesia, e se alberga nos elementos estranhos, se não adversos, sem nenhuma relação com a verdadeira invenção literária. Pois a estética é a estética e o social é o social: o político varia, o ideológico se extingue ou se faz desmontável, mas o estético permanece. E é o que o poeta inglês Keats chamava de "beleza para sempre". Isto é muito acima dos estadinhos societários, das discussões de grupos políticos, dos desígnios de alguma determinada comunidade humana. A beleza como estrela se assenta no firmamento dos sonhos, preso à austera cintilação da palavra.

A crítica literária, digna desse nome, exige capacidade reflexiva e conhecimento técnico, que se completam no "exercício da admiração", que vem de uma análise da invenção poética ou romanesca ou ensaística. Quem não possui capacidade para admirar, não possui condições para a crítica. E o texto sempre resiste, se for vivo. Resiste contra o que não o entende, ou não toma a humildade indispensável para compreendê-lo. E não se coleciona humildade, como outros colecionam conchas, navios em miniatura ou insetos. Humildade é o reconhecimento de nosso limite e a grandeza de ver a obra alheia. E não há algo mais difícil e necessário do que julgar contemporâneos. Menos penoso é omiti-los. Havendo a consciência de que julgados são, no tempo, os que o julgaram mal ou desavisadamente.

Kafka, o prisioneiro de si mesmo e do porvir

Kafka (1883-1924), o notável autor tcheco, doutor em direito e infortúnio, pintou a situação de impotência do indivíduo diante de um poder maior, que o controla e não é por ele controlado. Como se tivesse sido inventado para ele um labirinto, onde não conhecia o fim e era sem esperança.

Criou seu personagem K, letra de um sistema, atravessando seu próprio nome. E no *Processo* respondeu por um crime que não sabia qual e que, ao término, acabou por matá-lo como um cão. Engendrou a existência de um Castelo e nunca chegou a ele, por mais que alcançasse os arredores.

Em *A metamorfose*, Gregório Samsa é transformado numa forma monstruosa de inseto, e, a partir daí, é obedecida uma sina inexorável, não de homem, mas de inseto. Escreveu certa vez: "O mundo é prodigioso que tenho na cabeça, mas como libertar-me e libertá-lo sem ser feito em pedaços. E antes ser feito em pedaços mil vezes do que retê-lo em mim ou enterrá-lo." Porque o mundo que trazia com seu gênio era mais imperioso do que ele, como se carregasse em si a casa e morasse no sótão de assustada alma.

Era judeu, sentia-se intruso no universo, que relatava com estilo preciso, desnudo, tal se limpasse na faca dos olhos, a vergonha do corpo, o medo até de respirar, a hipocondria, o silêncio, a cavilosa insônia, ou a dor de amar, sem saber onde pôr o desejo. Com o sentimento de intrusão que adveio de sua própria casa e do fundo da infância, integrava uma minoria compondo outra ainda menor, antecipando uma consciência do absurdo que se refletiu na modernidade e influenciou toda a posterior criação. Ao ver-se encerrado em si mesmo, afiava a impaciência de romper tudo isso nos vocábulos que o atiçavam, com dentes de animal predador, afirmando que "um livro tem que ser um machado para o mar congelado dentro de nós". A vida não passou, para ele, de um catálogo interminável de suplícios, por não caber na vida. Tinha o humor ao avesso do sorriso e nem sabia onde abandoná-lo, já que seus textos pareciam inacabados, ou um completava a agonia do futuro de outro.

Descrevia o pesadelo dentro da realidade e era tão natural como o orvalho no campo. Talvez mais do que isso, dando a impressão de que se escondia dentro do orvalho e a fonte do rocio era sua derradeira efígie. E, preocupado com enfermidades, usava roupas leves, só dormindo de janelas abertas para que o ar circulasse, mesmo em rigoroso inverno.

Tanto queria existir com suas palavras que "o que não era literatura o aborrecia". E tanto vislumbrava o fechar-se das coisas diante dele, que perdera a esperança de haver uma porta.

Deixou a seu amigo Max o pedido para que, depois de sua morte, queimasse todos os seus manuscritos, no que não foi obedecido, preservando-nos do que almejava, meticulosamente, apagar. E não coube na morte.

Do delírio na lei da gravidade

Escreveu Nikos Kazantzákis, inesquecível autor de *Zorba, o grego*: "Não espero nada. Não temo nada. Sou livre." E quando reconheço que, neste mundo, cada coisa oculta significação, que pode ser profunda, ou quanto mais se cria, mais se mergulha no desconhecido, não perdemos de vista o imperioso nome da linguagem com sua desdobrável aventura.

Ou quanto mais se estuda, mais se caminha pelos trôpegos pés do que é incerto e ignorado. Mas o que acontece no corpo, repercute no pensamento. E há que carregar inocência, para que a erudição tão corrente nos círculos de pesquisa não nos atrapalhe e não seja pedra de tropeço da imaginação.

A erudição não aprendeu a sonhar, como as pedras se afundam no silêncio. Nem o silêncio consegue resguardar o grito abafado das pedras que caem debaixo da pesada ou erudita ponte. E devemos, às vezes, desenterrar a Via-Ápia da história de nossa humana tolerância, ou talvez o último inventário dos gregos e suas medidas, ou catalogar a tão modesta modernidade, que o romeno Cioran considerava "trabalhar no incurável".

Ou talvez o incurável seja, entre as verdejantes ruínas do tempo, a certeza de que tudo é viagem. E cabe razão ao poeta Carlos Drummond: "Ficou chato ser moderno./ Quero ser eterno!"

E mais percebi — tantos o fizeram — quão genial foi Einstein metido na árvore de sua Relatividade, ao ser capaz de afirmar, altivamente, que "a imaginação é mais importante do que o conhecimento". Ou que o conhecimento, que há de ser o limo sob os saltitantes pintassilgos, é a imaginação da memória.

Mas o que nos inventa, como efeito, levantando os escombros do que se vive, é a memória da imaginação. Que surge noutro plano, noutra dimensão da realidade, com os estratos do passado e a saudade do porvir. E ela ultrapassa a lei da gravidade, é o delírio que não se cala, porque sempre, cedo ou tarde, acaba falando o que sente.

E me recordo que, nas solenidades acadêmicas, com o fardão atravessado como uma armadura, tenho a nítida impressão de que algo da fidalguia cavalheiresca nos envolve, numa Idade Média da alma, e nos damos conta de que toda a glória não passa de um passarinho com uma folha no bico.

Ao suarmos, ou nos sentirmos apertados, com alguma dificuldade no assentar e se erguer, com o cinto da imortalidade, vem-nos a ânsia de voar para fora dos instantes e limites, igual ao poço incansável da lua que flutua nas esferas do firmamento.

Se não tivermos a graça do delírio, não teremos jamais o equilíbrio de vagar nas bibliotecas, entre os tomos, ou gozar o privilégio do irracional idioma dos pássaros. E se, como anotou Nikos, o poeta de Creta, nada esperamos, nada tememos, levitaremos no delírio dos sonhos, balbuciando quanto o amor não pode parar, para não morrer.

Ou quanto a liberdade é possível e quer sair correndo nos cavalos do interminável vento. E ninguém expulsa a natureza, é ela, quando quer, que nos expulsa.

Dizia o poeta inglês W.H. Auden que "ser livre com frequência é estar sozinho". Acho pouco. Ser livre, livre: é andar em Deus.

A história universal da noite

Outro dia, falei da existência dos rinocerontes na política. Falo deles como símbolos, não aos seres de carne e osso: a certos seres políticos. Com honrosas e nobres exceções: humanos, preocupados em servir a nação. Os outros, os tais rinocerontes, sempre existiram e não é como a dos animais, espécie extinta. Exigindo pesquisa mais apurada nos documentos que relatam nosso passado. Basta observarmos melhor e eles aparecem, com ou sem os coruscantes chifres. E vão-se delineando mais no transcorrer do tempo, que se assemelha a uma "história da noite", como a do argentino Jorge Luis Borges. Sua lista é visível, quase mágica, às vezes lógica e com incrível realidade. Sobretudo, revelam-se pelo crescer vertiginoso do abdômen, a ponto de Machado de Assis, conhecedor da alma, afirmar que "o abdômen é a expressão mais positiva da gravidade humana". Ou a gravidade mais humana do rinoceronte. E, curiosamente, um ou outro deles são confiantes no vindouro testemunho do povo, pois acham que não há tribunal que, por simples suspeita ou mesmo indício, os condene. Firmaram a reputação além da velocidade ou da investida. E não se iludam na moeda do mando, a cara de um é o focinho de outro. A arte deles é a do que, avisado, se oculta. Os rinocerontes estão convictos de que escreverão o último capítulo da historiografia nacional. E se não essa, ao menos a deles. Nietzsche aconselhava, ardorosamente, não se olhar o abismo, para não ser visto por ele. Os rinocerontes preferem os verdejantes prados do bem comum, aos precipícios. Ainda que o real, na regra, em política seja o que não se quer ver.

Entretanto, cada rinoceronte que se preza há de resguardar a torre ebúrnea de sua biografia, pensando no triunfante porvir das patas ou do pedregoso focinho. E descabe a nós, habitantes da grei, julgá-los, com "o incerto sal do espírito", por pisarem o sal, afanosamente. Apesar de poderem ter um sequioso sepulcro, já que a terra não escolhe os seus postulantes, os rinocerontes carecem de muito espaço para o pouso da tão penosa carcaça. É verdade, há quem os distinga, através da esvoaçante fumaça dos partidos ou das instituições. E mais claramente do que Champollion desvendou nos manuscritos egípcios. Porque entrevemos o vulto deste portentoso animal no balbuciar das frases, no emendar de pensamentos, nas entrevistas de TV, no vínculo inalterável entre o que vai no secreto ou nas catacumbas e o que emerge à luz, testemunhando a ferocidade das ambições, ou a ambição da ferocidade, que não conhece limites, escapando os seres de tal raça ao obsedante domínio da lei, que abominam. Voltaire afirmava ser "a história um mito reescrito em cada 'geração'". E a história se aperfeiçoa no quotidiano mito, no escuro território dos acontecimentos que são filhos da Noite, ali, onde os efeitos são mais valiosos do que as causas. Mas a única segurança a nos proteger dessa espécie predadora é a lisura das consciências, diante do que nada se amoita. E a força da imprensa, que, segundo Arthur Miller, "é uma nação falando aos seus botões". O tempo dos rinocerontes deve acabar, por exaustão. Ou inanição. Basta sepultá-los! Capturando-os exatamente no lugar em que catam alimento ou saciam a sede. E a história deles, é, sim, a história universal da Noite.

O poeta da "Rosa do povo"

Henry Miller escreveu um estudo sobre Rimbaud, considerando ser este "o tempo dos assassinos". Ou tempo de suspeita. Não importa. O ato dos pichadores da estátua do genial Carlos Drummond de Andrade, em Copacabana, no Rio, pegos em flagrante por uma câmera, não foi apenas bárbaro, mostra certo menosprezo pelos criadores de arte no Brasil. Drummond descobriu "as impurezas do branco" ou a "lição de coisas", retornando à infância, com "boi tempo". E amou sua gente de alma no idioma, celebrando o tempo presente e o mundo caduco. Com o erguer-se do porvir, ou as coisas findas.

Por que esse ódio contra a poesia, que deixou de ser anônimo, este ódio talvez inconsciente, insano, trabalhado escondidamente?

Não, um bardo, como o que agredido, se fez reconhecer pelo olhar amoroso ao universo, sendo a poética "instrumento de precisão", segundo Jean Cocteau, já que "um poeta canta em sua árvore genealógica".

E o ódio contra a poesia é contra a vida. Por isso ela é perigosa. "Viver é muito perigoso" — no dizer de Guimarães Rosa.

Ou porque o "poeta está onde as palavras o acham", no parecer de Manoel de Barros. Sendo ele salvo pelas palavras. E elas perturbam, renovam.

O que os dois pichadores fizeram ao tocar na estátua de Drummond, foi tentar manchar o símbolo, a figura, a existência dedicada à escrita, a confiança na tradição e no futuro. Ou foi gesto de pura estupidez. Embora ela nunca seja pura.

Este país, embora não entenda, como devia, os seus criadores, não distinguindo os que ficam e os consumíveis no midiático mercado, tem a sensibilidade suficiente de os respeitar, ainda que em silêncio. O amor vem depois. Mas esses dois pichadores merecem censura pública. Ou lástima. E penso no poeta que foi Ossip Mandelstam, atribulado, perseguido. Assegurou ele, falando de sua Rússia: "Em nenhum lugar do mundo se dá tanta importância à poesia: é somente em nosso país que se fuzila por causa de um verso."

A teologia e as botas curtas

Machado de Assis afirmou que "a teologia é a cabeça do gênero humano, o latim a perna esquerda, e a retórica a perna direita". Não percebi por que o Mestre do Cosme Velho acha ser a teologia cabeça da nossa espécie. Ainda mais que a teologia não entra no mistério de Deus, nem O revela, ainda que manifeste o sagrado. Sendo mais um conjunto de teorias, do que um axioma de fé e de verdade, ainda que valha como exegese ou estudo de pormenores bíblicos, precioso, sim, no que tange à erudição e ao conhecimento ou descobertas. No entanto, o gênero humano é mais vasto e percorre um território não tangido pela dita ciência de Deus, que é apenas ciência de como concebemos Deus. Ao serem Seus pensamentos mais altos do que os nossos.

Nem o latim nos serve, mesmo que útil e valioso na etimologia, mas como língua se perde nos anais da história. E Deus não carece da língua dos homens para manifestar-se, pelo emprego que faz até da língua dos anjos. Se quiser, usa a língua das pedras, e por que não? — assim já o fez, a língua de um mulo, no caso de Balaão. Donde não se caminha nem com a perna esquerda no latim, nem com perna nenhuma. E não é ele utilizável, com o respeito devido aos eruditos, nem com muletas.

O que pode a retórica? Basta que seja a fala dos políticos ou a forma de enrolar a sintaxe no pingar das ideias. E é irônica a perspectiva machadiana, para não dizer mordaz, porque a retórica tem os sapatos maiores do que os pés e com ela não se consegue andar adequadamente. Ou melhor, anda como um barco afundando com o próprio peso. Prefiro outra frase do Mestre, fundador da Academia Brasileira de Letras: "Toda a sabedoria humana não vale um par de botas curtas." Pois também trata do caminho, mas reduz a medida. Não é mais "cabeça do gênero humano", sumindo, portanto, tamanha insolência. E as botas curtas exigem pés curtos e avisados. Pés prudentes, presos aos limites da estrada e do dono. E não se andarilha com os pés dos mortos, mas os dos vivos. Nem com algum idioma, por mais belo que seja, mas através dos pés que não são os da língua.

Creio até que Machado não cria muito em teologias, nem dialogava no sotaque eclesiástico, por sinal respeitável, mas conhecia, como raros, a profundidade do gênero humano, ali onde o microscópio penetra nas grandes e heroicas miudezas. Exatamente no tempo da alma e das paixões mais açodadas. Sabia quanto o mundo olha para as algibeiras e como "o amor nunca é velho".

Ademais, jamais se soube que a teologia tivesse uma cabeça e menos, que o gênero humano a ocupasse. E um par de botas curtas não deixa de ser um extraviado sonho da infância. E pode a infância calçá-las por nós?

Basta que nos entenda

Eu não entendo Deus em muitas coisas, passo tempo me perguntando e não entendo. Mas basta que Ele me entenda. Quem somos para abranger um bocado que seja de Sua grandeza, ou a altura de Seus pensamentos, ou a visão de Sua justiça? Há muitas coisas que me incomodam, mas o que importa? Ele é ilimitadamente mais paciente, sábio e não encobre o erro, e parece vir tão devagar, que nem nos damos conta quando ataca. Sua língua é de relâmpagos e o idioma, o da alma. Que Ele conhece fundo como as estrelas. E as chama pelo nome.

Não está no céu inconcebível de Plotino, onde "o sol é todas as estrelas e cada estrela é todas as estrelas e o sol". Mas num céu que olhar humano jamais viu, nem o ouvido escutou o que está preparado para os seus eleitos. Paulo, o Apóstolo dos Gentios, foi levado a esse céu e relatou.

E o que relatamos nós? Se sofremos o Seu "não", agora, quando os sinais parecem visíveis, e continua sendo "não", convictos somos de que é um retumbante "sim" adiante. Tão convincente que todos os "nãos" são esquecidos. E a fé é cada vez mais invencível.

Este Deus detesta o ódio, habita a paz, porque habita o abismo. Move-se, parado. Sonha sem sono, vê sem carecer de olhos, é veloz, por montar a luz. Nos amou antes, quando nos formava no ventre. Sua majestade incendeia os montes. Tem voz de muitos rios e nenhum apaga seu amor, ou fogo. Para onde escaparemos Dele? Mas não foge de nós, fica na porta, à espera. Bate, não força, não manipula. Aguarda e gosta de reagir, se provocado. Constrange-

-se de amor e não resiste, por não lutar contra a própria natureza. Mas como reter o absoluto, ou o mar numa gota de areia, o infinito dentro da concha?

Não entendo Deus em muitas coisas, mas o que Ele faz é perfeito. Só O entenderei na eternidade. E passaremos a eternidade toda para compreender Deus. E até ela será muito pequena para isso.

Não adianta argumentar com Ele, discutir, gritar. Somente a revelação O atinge, por ser luz na luz. E mesmo a luz tem graus, hierarquias, escalas, tipos de mananciais.

Há um texto de Guimarães Rosa, em *Grande Sertão: Veredas* que me toca: "Como não ter Deus? Com Deus existindo, tudo dá esperança: sempre um milagre é possível, o mundo se resolve. Mas, se não tem Deus, há de a gente perdidos no vaivém, e a vida é burra. (...) Mas se não tem Deus, então a gente não tem licença de coisa nenhuma."

Sem Deus é frio, pois Ele é fogo. E na fome, Ele é sustento. Sede, sendo Ele água. E secamos, fora Dele, corpo. Se não O entendemos, basta que nos entenda. E se não O alcançamos, basta que nos alcance.

As glórias e inglórias

Alguém mencionou que o grande livro é mais o que não está nele incluído, do que o que vai dentro dele. Mas nem sempre. O que importa é quanto o livro perturba ou aciona a mente criativa do leitor.

Não é a poderosa técnica literária que delineia um livro, nem a dominação imperiosa do autor sobre o texto, o que pode esmagar ou sufocar a obra. Mas aquilo que é a indivisa linha de sol, o amoroso vão capaz de mostrar o subterrâneo da vida, o porão das coisas, mesmo o desequilíbrio do mundo.

A técnica ajuda o fogo, mas não vive sozinha. García Lorca dizia que "tinha fogo nas mãos" e que o mais era fruto do artesão. E ele não pode ser mais soberano do que o fio, a energia, a respiração espiritual do texto.

Homero fez com que seus heróis na *Ilíada* ou na *Odisseia* existissem, sem importuná-los. Cada personagem deve necessariamente provar que viveu. Todos devem ter a sua genealogia no espírito.

E o que prazeroso é que inexiste rotina na invenção. Tenta-se definir as coisas e são elas que nos definem. A cada criação é como se entrássemos na eternidade e quanto percebemos que ela traz profunda insônia. Cada metáfora cria outra e outra, até a escrita rolar como um arroio nas margens, com o círculo das palavras e o círculo numeroso da água. O romance sabe mais do que o verdadeiro romancista. Por se desenvolver com pernas impiedosas da memória ou da intensa imaginação. E o importante é que os andaimes desapareçam. O que não é mágico, misterioso na criação, começa a perder sentido. E é esse mágico ou indivisível que revela quanto ela é maior do que nós.

A arte da futurologia

A administração anterior abriu um buraco nas contas e nos bolsos e o governo atual quer abrir um buraco no porvir. Tem vocação de futurólogo e pretende que todos vejam com ele. Ou é um elefante que inventa o circo, mas não consegue impedir a inclinação natural do elefante de subir no teto e não há lona suficiente. Porque encurtou.

O teto é o do PEC, seguindo a inflação que é medida mais pelo que sofremos, do que pelo o que o Executivo vislumbra. E o animal da Economia enjaula o povo, fecha com as patas o cofre da república, sempre com altos méritos, sob a aceitação do Legislativo. E quem paga a conta toda é o povo e a classe média, se ainda existe.

Há o absurdo e injusto tratamento igual aos desiguais para um futuro que ninguém alcança ou conhece. O país encolheu e agora é posto em espartilho. Mas não se enganem, leitores, a sede do poder é insaciável. A máquina do Estado persiste cheia de afilhados. E os ministérios, ainda muitos, chocam-se entre si.

Há uma onda de que a inflação começa a baixar e não se percebe — tem natureza invisível ao poder e aparece ao pagar o supermercado ou na compra do pão, do leite, ou da carne. Os juros extorsivos dos cheques especiais e dos cartões de crédito se elevam, amontoando a dívida, e os bancos se rejubilam. Estamos sob a chefia, mais do que do governo, dos credores da dívida pública.

Isso em variação monetária, como a nossa. E quer o governo fixar o tempo, que Luís Vaz de Camões já dizia que "é composto de mudança"? E os salários cada vez mais defasados e a "vida nos levando".

Prefiro, como desejava Mario Quintana, os tartarúlogos, aos futurólogos, ou os seres circulares que andam aos ciclos e não chegam ao rumo. É por demais cobiçoso pegar o futuro nas mãos, quando é ele que nos pega. Ora nos cria, ora nos devora. Ora nos desperta, ora nos afunda. O futurólogo é um especialista de nadas, ainda mais ao tratar do bem comum. É uma irresponsabilidade diante do futuro, que é terra de ninguém. Também porque o futuro, na opinião de Paul Valéry, "não é o que costumava ser". Ou por girar a nação num redemoinho: nada está parado, parecendo imóvel.

O real e a asma

Cioran, o grande pensador romeno, escreveu que "o real dá asma". Do que se infere que se sofre da asma do real. O que ofende os brônquios de nossa comum sobrevivência. Coisa que não chego a vislumbrar. Aqui era molestado pela asma que não é do real, é asma mesmo, asma que incomoda a respiração. Mas está dominada, após longo tratamento. E confesso que, apesar de estar atado ao real, não é ele a causa, nem o efeito. Porque, com a mesma disposição, poderia ser o sonho, asma.

Contrariamente a Cioran, o real me entusiasma, é saúde do espírito, talvez pelo lado prático que desenvolvi, apesar do ofício que, pela memória das palavras, me incendeia. Ou desemboca em mim, para tornar-me mais liberto.

Gosto do comércio, sina dos ancestrais sefarditas; gosto de advogar, certo esgrimir da inteligência no Direito que me preserva longe da ferrugem; tive experiência de administração e não me dei mal. E essas perícias jamais me deram asma. Porque um homem se forja com o que acredita.

Ler, pesquisar anos a fio não me deu asma. Amar a luz que nos invade das altas esferas do firmamento jamais esmagou minha vontade, e a luz nos aperfeiçoa, vai polindo os ossos da criação e a música dos ossos.

Talvez asma venha do ar sufocante de ódio, de violência na cidade, de burrice cultural, de preconceito, em tantas áreas. Ou dos ditos progressos da civilização, alguns que mais nos embaraçam, do que estimulam. E a asma, sim, da indiferença diante da invenção ou da beleza, a asma que amordaça o riso, a asma que afoga o senso do ridículo. E a asma que detesta a inteligência.

A tal de comoção

Cada jornalista que nos entrevista tem o direito de colocar o título que quiser em sua matéria. Foi o que sucedeu numa entrevista dada, em jornal de um grande centro da república, sobre a minha *História da Literatura Brasileira*. Mas também tenho o direito de discordar, pois, se apenas emoção me movesse, não enfrentaria o assunto que arrostei, de autores desde Vaz de Caminha aos contemporâneos. Mais me honraria se fosse — o que é real — "lucidez enternecida". Ou melhor, o que Longinus adverte: "A arte é o arrebatamento do visível." E, se há emoção, não é a sentimental, a *emoção intelectual*, pois o rigor é que dá contextura, resistência a uma obra. Leitores, não pensava que minha *História* (por sinal pesada, com mais de mil páginas, agora editada pela Noeses, de São Paulo) desse tanto a falar, entre entusiastas (boa parte) e invejosos, mínimos. A esses, cabe o que o autor de *Grande Sertão: Veredas* fazia: colocava-os no arquivo, de cabeça para baixo. E é como se eu, poeta, amoroso de linguagem, não pudesse ter um olhar pessoal sobre a criação contemporânea, ousadamente, também sobre os mais jovens, o que burocratas da crítica não têm coragem de efetuar, ou correr o risco, ficando entre renomados marechais com as medalhas do franco reconhecimento. O fato concreto é que o dito livro vendeu em dois meses a primeira edição; a segunda num ano; a terceira, em menos, estando já em quarta edição, atualizada e ampliada.

Em relação a certos grupos, por sinal isolados, que ainda defendem um tardio cientificismo, prefiro a visão crítica mais abrangente e humana. Não aceito rótulo de prateleira ao volume. Que fiquem esses latifundiários do autoritarismo com suas inúteis toneladas de teorias, e ficarei eu, bem ditoso, com a bússola da invencível intuição. Diz Ricardo Piglia: "A crítica literária é a mais afetada pela situação da literatura. Sumiu do mapa. Os melhores leitores atuais são os historiadores." E contra o preconceito de um poeta, que é crítico, vale o pensamento de Paul Valéry: "Todos os poetas verdadeiros são necessariamente críticos de primeira ordem."

Ademais, nós, escritores brasileiros, estamos em enorme desigualdade na mídia, em relação aos estrangeiros. Sofremos de terrível e tacanho *Colonialismo*. Ou complexo de inferioridade. Tudo o que é de fora parece que é melhor. E se alguém tem de aprender conosco, são os de fora. Sim, com este continente que é o Brasil, que se dá ao luxo de ter escritores do porte de um Machado de Assis, Guimarães Rosa, Clarice Lispector, e tantos outros, carecendo de se conscientizar de que os seus passos foram feitos para reger e ensinar — e não para seguir, obedientemente, os passos do Velho Mundo.

A dificuldade de ser

Este é o título de um livro do poeta francês Jean Cocteau. E a dificuldade de ser não é só a de existir, mas também a de criar.

E vem sempre a indagação de por que se escreve. Se soubéssemos mais profundamente talvez não escrevêssemos. Ou de saber não sabendo é que se sabe.

Importa em escrever e importa em ler. O que escreve, se imagina no leitor e o leitor reinventa o que está escrito. A instigação de uns é a descoberta de outros no terreno comum, que é a linguagem.

A literatura é patrimônio da humanidade, patrimônio de gerações. O relato de nossa realidade e a fascinante história do espírito. Nada se perde, tudo se transforma — na lei de Lavoisier.

Alguns pensam que os meios audiovisuais substituem a literatura e se enganam. Pelo simples fato de esquecer as palavras e buscar a supremacia das imagens. Podem aproximar, como instrumentos, jamais substituir. E o livro continuará existindo, mesmo que seja usado até para tentar provar sua extinção.

É verdade que há os que escrevem para o sucesso imediato e o consumo e há os que escrevem para o sucesso no tempo. A cada um, sua recompensa.

Sem a literatura, mesmo o amor seria mais pobre, sem a beleza, ou a gentileza, ou o esplendor e a intensidade. Porque também se ama de palavra, como nos sonhos.

A dita inutilidade da literatura é sua alta utilidade. Jorge Luis Borges, o admirado escritor argentino, irritava-se quando lhe perguntavam para que serve a literatura. Era para ele uma pergunta idiota, e retrucava: "A ninguém ocorreria em perguntar qual é a utilidade do canto de um canário ou dos arrebóis do crepúsculo!" E eu completaria: cabe-nos perguntar por que as árvores crescem e derramam flores na primavera?

Precisa-se morrer?

Machado de Assis fala da "autoridade de um morto". E sua glória, que lhe cercava quando vivo, aumentou incrivelmente após a morte. E encontramos o seu fantasma andando pelas salas da Academia Brasileira de Letras, com a mensagem lida todos os anos no aniversário da instituição.

Escrevemos para perdurar. Por causa da palavra. Mas é preciso que ela contenha sopro, centelha, ou solidão de futuro. Porém, quando tomamos conhecimento de teses de doutorado, aqui e no exterior, livros que começam a ser publicados, o acolhimento inesperado de leitores, onde menos se espera, o amor silencioso dos nossos contemporâneos, estranhamos imensamente. Por estarmos acostumados à inveja, ao clamor da mediocridade, ao bafejo de certa mídia, sobretudo ao obsequioso silêncio. Ou somos por demais simples, com a humildade que o sofrimento e a vida nos concedem, ou somos por demais semelhantes a todos, que não é percebido o novo sotaque da obra ou linguagem.

Quando nos damos conta do entendimento que principiamos a ter ou sofrer, quando nos lembram com rua, ou homenagens, já nos achamos no mundo dos mortos, onde essas realidades soem acontecer. Ou ficamos atordoados, que a vida é sempre maior do que a morte.

Pois a razão que permanece é a do tempo, a razão do amor. E quanto mais incompreendido o amor, mais se multiplica. Verifica-se o peso das tribulações, o teorema das hostilidades mudas, o código dos despeitos cotidianos, e resistimos. Porque o que resiste

— não é a algibeira — é a alma. E como adverte o Mestre Machado, "Deus olha as almas, não as algibeiras". Os que são vivos, se erguem, mesmo mortos. Apesar do esquecimento ou obscuridade padecida, ficam bem, quando se elevam. E a dita imortalidade não engorda, emagrece. Germina com os ossos.

Ciência das feridas

Temos, leitores, a glória de ser brasileiros, ou ser latino-americanos. Mas a glória maior é a de poder respirar o universo, sentir-se vivo.

E tem razão Goethe, num depoimento colhido por Eckermann, que foi seu secretário e testemunha: "Os homens tornar-se-ão mais inteligentes e mais perspicazes; mas não serão melhores, mais felizes ou mais fortes na ação." Ou a ciência avançará, com tecnologia e informação, ou na relação entre humanos e máquinas, criando uma inteligência artificial que lhe servirá mais de limite, do que de etapa. A respeito, leitores, chamo a atenção de um livro admirável visionário, denominado *Hybris* (editora Novo Século, 2019), do escritor e embaixador Alessandro Candeas. E o mais curioso é que a inteligência ou a agudeza não fazem melhores os homens, nem mais ditosos. O plano de viável felicidade, ou serenidade conquistada diante do insondável fluir do tempo — está na ciência de Deus, da poesia, do amor e a ciência soberana de apagar as feridas. Ou de curá-las com as ataduras do caminho.

As coisas do mundo nos ferem, mas não somos vítimas. Superamos a dor, superamos as mágoas — porque viver é um constante chocar-se nos solavancos do mundo. E por mais aguda que seja a aflição, maior há de ser a capacidade silenciosa de ver adiante, de não se render, pois a vitória nos alcança no minuto seguinte, em que resistimos. Portanto, perseverar é o sábio princípio e soterrar a agonia. É a forma de esticar a corda sobre o abismo e não sucumbir. Nem olhar para trás, que tende a nos levar ao recuo.

E esse é o movimento da fé, abraçando a palavra, ou deixando que ela nos abrace. A palavra nos levanta e é lâmpada para os pés, candeia acesa de alma. E cada dia é uma nova experiência, cada dia é nova vereda que se abre. Porque a treva muitas vezes é racional, até geométrica, aliciadora. Mas a luz possui uma claridade, que não carece de razão, que não se subordina às teorias humanas, nem aos subterrâneos da noite. Sim, esta luz que não se explica, mas nos descobre e nos agracia, é tão poderosa, que ultrapassa o liame do sofrimento e do pranto. Sim, esta luz é doce, contém inesperada juventude, mesmo na velhice. E nos empurra, ávidos, para contemplar sem cessar o desconhecido de Deus.

A pedra que cai

A pedra quando cai no ar, cai por uma lei da física, da política ou do espírito. Cai, porque começou há um tempo a cair. Não é de um momento a outro, é uma consequência de quedas. E a alta velocidade é o resultado de seu deslocamento feroz, o mesmo das estrelas que são atraídas pelo buraco negro do firmamento. Tendo a espessura adversa de quem vai sumindo para ser apenas pedra de pedra. Ou movimento adverso desencadeado no espaço.

Mas é curioso e trágico quando tentam segurar essa queda, ou impedi-la. É o que fazem políticos em governos que tentam desviar a pedra para dentro da garganta do povo. E quem tem graça do povo pode ter a graça de Deus. O povo não tem misericórdia com quem não teve misericórdia e, prepotente, não dialogou. O povo resiste a engolir a pedra. E o político que insiste, cai também com ela. Porque seu peso no ar é igual à sua velocidade.

É como alguém que não quer ouvir, salvo os que o agradam e cercam, fecha-se dentro desta pedra que cai. Não ouve e os olhos estão escurecidos, porque não vê. O tempo não espera a pedra se abrir. Se ela se rodeia de silêncio, rodeia-se de nadas. Põe sua sombra na pedra e a sombra humana depende do sol e morre em si mesma. Diz Davi que "o homem é como a sombra que vai". Só a sombra de Deus é geradora, sob o Seu esconderijo. Salienta Clarice Lispector num livro notável, *Uma aprendizagem ou o livro dos prazeres*: "A fé pode significar um grande susto, pode significar cair no abismo." O abismo de Deus.

Mas há que cuidar de não ser pedra que tombe, mas pedra na luz. E diz o Apóstolo dos Gentios, que "o que está de pé, cuide de que não caia". Porque, segundo Paul Claudel, "não cabe à pedra escolher seu lugar, mas ao Mestre de Obras que a escolheu". E igual ao templo de Salomão, no Espírito, a pedra se casa à pedra, a madeira se liga à madeira, sem precisão da violência do martelo. A paz não cria musgo. Nem o musgo cria paz.

No entanto, há os que acham que vão guardar a pedra que cai; se não serve para nada, foi destruída ao contato com o solo. Não serve nem de pedra na tumba, ainda que essa ainda possa cobrir-se de flores ou letras no epitáfio. Mas a pedra que cai, já principiou a cair bem antes, cair de si mesma, cair de posição, cair de tanto que já caiu. E cai em cima de quem tenta abrandar sua queda. Só o Deus do impossível pode fazer a pedra voltar ao lugar de onde saiu, voando como uma pluma. O rastro de Deus.

A importância de um porão

Outro dia pensava nesta vontade imperiosa de vagar pelo mundo, se Elza também pudesse e não estivesse enferma. Então alugaria um porão e ali deixaria tantos e tantos objetos acumulados de mudança em mudança. E livros que vão ocupando espaço em armários e estantes, salvo os essenciais, que aos poucos se atraem em nós, sim, os que devemos levar nas mãos e na alma. Quadros, estatuetas de cavalos (ah, o meu pampa!), barcos, guerreiros, águias. Mania de ir guardando e acumulando, como os dias neste armazém de secos e molhados de existir. Acumula-se memória, acumulam-se imagens, acumulam-se ambições e, no balanço, pouco é indispensável e se sobrevive com bem pouco. Ou quase nada. Tal como se dorme em definitivo debaixo de alguns palmos de terra.

Para que tamanhos percalços, tamanhas lutas ou penúrias? O porão é símbolo do inconsciente, ou de lugar escondido da memória. "Um porão supõe um alçapão aberto na sala de jantar. Sob a tampa desse alçapão deve estar um móvel pesado" — anotou o grande cronista Rubem Braga. Na casa de meu pai, em Porto Alegre, na Corte Real de muitos ventos, havia também um porão. E anos mais tarde, quando em Lisboa, escrevi as minhas *Memórias do porão*. E num momento, como a minha vida pela força da palavra, o porão se libertou e começou a planar. Igual ao zepelim que vi na infância.

Hoje, como no meu texto, o porão seria precioso para que eu pudesse planar pelas estações. Os baús, os trastes, os demasiados objetos nos cansam. Ou nos envelhecem. Cada vez mais despojado, cada vez mais sem peso, cada vez mais posto na luz, cada vez aprendendo a deixar o porão nalguma estação perdida, sem os utensílios que, às vezes, nos encarceram.

Um dia falei do porão da invertebrada infância, hoje só preciso de um porão para, no caminho da verdadeira pátria, voar.

Os poetas e os pássaros

Jean Cocteau, o renomado poeta francês, escreveu que "o poeta canta na sua árvore genealógica", árvore onde se acha o ninho, com seus filhotes-poemas.

Cada pássaro pode ser diferente de outro, ou por suas características, ou pela plumagem, ou pelas cores, ou pela singularidade do canto. Como nenhuma folha da natureza é igual à outra.

Assim cada poeta se distingue não apenas pelo porte, fôlego de viagem, ou pela melodia do canto. E há vozes claras, matemáticas ou estranhas, bizarras, algumas até herméticas. Ainda que sejam herméticos os olhos que não leem as notas da alma, ou os ouvidos que não são experimentados em escutar o que é novo.

É de verificar também que as aves fazem os ninhos de materiais variados. Ou é o caso do joão-de-barro que faz a casa de argila, ou o caso de outros, como os beija-flores, que fazem o ninho com teias de aranhas; outros o constroem com palha, ou folhas. Ou no tronco das árvores.

A riqueza do universo é a capacidade de fabricar diferenças. Pois seria tedioso que tudo fosse igual.

O poeta, porém, edifica o seu ninho de palavras. Devem ser escolhidas, sobretudo pela funcionalidade. Porque certos vocábulos excessivamente pesados não servem, considerando a leveza ou a duração. A palavra há de ser sólida e simultaneamente leve, mesclada de imaginação, memória e sonho. Ali caberá o filhote-poema. Protegido da fúria da natureza, das calamidades do clima, da mudança das estações, das astúcias do vento ou da tempestade com seus troantes trovões, que amedrontavam nossa infância, como amedrontam a infância dos versos.

O ninho precisa abrigar os poemas, aquecê-los. Cuidar, para que não voejem fora de tempo, cuidar para que não fujam pela sede do desconhecido, ou estejam aterrorizados no ar enquanto os pais-poetas não voltam, demorando-se nas altezas dos símbolos ou mitos.

E a árvore genealógica diz respeito aos ancestrais do criador, a sua ligação de sangue, as afinidades que a linguagem cria, entre gerações. Nessa corrente, sobrepairam os avós — de Dante a Shakespeare, de Camões a Fernando Pessoa, de Rimbaud a Paul Claudel, entre outros.

Assim como as aves revolucionam o espaço, quando planam nas etéreas alturas, adiantando-se às nuvens, os poetas, só de existirem, engendram uma revolução, mesmo que não seja muito perceptível, ao desvendarem um mundo ignoto, ao lado do mundo conhecido. E não são eles que inventam o voo, o voo que os vai inventando. Mas se "a poesia for feita por todos", como queria Lautréamont, então o ninho será o coração do homem.

A casa e o dono

Casa, construída com afeto, carece de dono. Não adianta. O dono, ao entrar, dá alma para a casa, que a ocupa, sobranceira, peça a peça.

Tive o meu Paiol, confortável, diante do mar, com nosso quarto no terceiro andar, com sacadas e biblioteca vasta, no segundo.

E certa vez, para passar um tempo no Rio, quando a Academia me elegeu, tive o desprazer de alugar minha casa. O inquilino — escolhido por imobiliária, na época, quase a destruiu. Havia piscina, colocou lona e a fechou. Queimou a banheira elétrica, punha ossos no banheiro e aluguel não vinha.

Tive que tomar providência drástica, para que saísse o tal locatário. E vi que minha casa padeceu, estava perdendo alma, avariada. Até nas pinturas, como se tivesse enfermado de saudade deste vivente de viagens e sonhos.

Nada mais aluga nada. Primeiro porque casa é que nem cavalo de estimação, alegra-se e engorda com o dono. Longe não reconhece outro domínio, senão no que lhe sabe colocar rédea, ou levá-lo ao pasto tranquilo. Tratado igual a passarinho, com o alpiste inefável do afeto.

Ao me despedir da casa e vendê-la, para não deixá-la mais abandonada, sofri a falta de sua compassiva companhia, com os cães que a guardavam, com as árvores que albergavam aquele paraíso, junto ao oceano, com gente generosa, cujo nome seguro neste chapéu do coração. E o tempo não volta, a vida é irrecorrível como um recurso que perdeu o prazo.

Quando olho a foto da casa, na parede da cozinha, dói-me como, a Drummond, doeu a lembrança de Itabira; agora, sem mim, ganhou outra alma. Pode ter outro rosto. Mas não quero mais casa, foi a última, penso, depois a casa da Eternidade.

Fragmentos e preconceitos

Albert Einstein adverte, lucidamente, que "é mais fácil desintegrar o átomo do que o preconceito". E ele sofreu o fato de ser judeu e gênio. Porque, leitores, não há preconceito apenas pela cor da pele, mas até pela cor dos sonhos, pela cor da alma, pela cor de nossa crença, o que nos honra e levamos como marca na testa deste mundo que, na ferocidade, volta ao reino animal ou ao estágio, com as calamidades que nos cercam, de antes da civilização. Ou talvez haja outra civilização nascendo dos escombros da peste. Ou um avivamento que aqueça as almas.

Mas há a intolerância ou falta de civilidade, ou gentileza, que avança até na política, sem haver respeito às diferenças de religião ou credo. Ou mesmo por aqueles, de certa mídia, que alegam, ostensivamente, proteger ou lutar pelos direitos humanos, quando a censura é subterrânea, a pior, que não permite defesa, amoitando-se entre as sombras, invejas, ou despeitos provincianos.

Mas não se surpreendam; hoje, a perseguição alcança também aos intelectuais e à inteligência, como se tivessem que ser caçados por pensar ou sentir ou imaginar ou criar. Esquecendo-se de que esses, agora quase marginalizados, são, como dizia Ezra Pound, "antenas da raça". Vendo-se os livros com tentativa de ser cobertos de impostos na república, tal se fossem artigos de luxo, quando nosso povo precisa cada vez mais de educação e de cultura e menos de armas. A única guerra é contra a ignorância, o crime, a barbárie, a enfermidade, para a sobrevivência da paz entre poderes, em próspera democracia.

Infelizmente, temos, diante dos acontecimentos, só fragmentos de realidade. A realidade inteira apenas se concretiza na plenitude do Espírito.

O que não entendo

Há coisas, no espírito ou no mundo, que não entendo. E nem preciso entender. O que entendo me basta por nunca entender suficientemente o universo ou o mistério da natureza e da vida.

Os sábios investigam, passam a existência investigando, e nem sempre encontram o que buscam. Ou às vezes é a busca que os encontra.

Daí por que Einstein dizia que "a intuição é mais importante que a inteligência". E há, portanto, a intuição que atua no cientista ou no artista.

E quanto me dei conta de que o futuro não sabe nada de nós. E nos ronda com seu círculo, ou na esfera do ignoto e mal se percebe o instante que passa, muito menos o dia de amanhã.

O homem faz planos, organiza a vida e os planos se desorganizam, "porque a verdadeira vida está ausente", como adverte Arthur Rimbaud, o genial poeta francês. A verdadeira vida não é esta que levamos desde o nascimento e nos impele, biologicamente, para o fim. É a que principia na Obra Redentora, em realidade eterna.

A verdadeira vida se ausenta dos tateantes olhos físicos, mas não se ausenta, com a palavra viva, dos olhos e ouvidos do coração.

A palavra precisa ver no escuro para depois brilhar. E o escuro não é de Deus, é de nossas vistas, nossa dificuldade diante do desconhecido, ou por certo terror perante o que não sabemos.

As palavras que inventamos envelhecem. As palavras que nos inventam é que resistem. E a melhor literatura se engendra delas. Ao navegarem conosco.

E muitos acontecimentos se sucedem neste tempo, quando o profeta aparece apenas quando vem a profecia. No seu cumprimento apenas Deus aparece.

Reparava, leitores, outro dia, de que a nada necessitamos entender, quando as coisas subitamente nos entendem.

Suprema alegria

Viver é uma graça, sem antes. E depois, minuto a minuto. Vive-se no relâmpago do poema ou num gesto de amor. Com, ou sem consequência, igual a um manancial que desce pela encosta. É água do rio de Deus.

Quando se esgota, ocupa o espaço da seiva que se move como de uma árvore no paraíso. Ou o paraíso de um tempo recuperado.

O que morre, só adormece e, após, acorda como semente no casulo da terra. E a terra no estremecer da semente.

O que vive, resiste. Adiante do que olhamos é nosso horizonte e dois horizontes sozinhos já fazem uma manhã. E o universo nunca é sozinho. Tudo se soma e quer continuar. Até a constatação perpétua da luz, sempre banhada na luz seguinte. Sem o arrependimento de descobrir a felicidade, exultando de estarmos vivos, apesar das lutas e tribulações. Ou foram elas que nos empurraram para esta alegria.

Com outra, suprema, a de havermos sobrevivido.

O que levamos na palavra, não nos abandona. Ou é a palavra que leva, sem precisarmos ver. Por nos resguardarmos nas minúsculas estrelas durante a noite, como se estivéssemos numa cela de silvestres flores.

O que vive, resiste, e sabe que o sonho é que rebenta a realidade, com nossos olhos que estão dentro deles, com os olhos que são testemunhas votivas de a realidade não existir sem os sonhos. E é certo que os sonhos tomam nomes, como as estrelas.

A beleza, ou a luz que passa

Nestes dias que correm velozes como cavalos na estrada, nós, todos de máscaras, cuidando de tropeçar nas escadas, já que a própria vista se estreita, tomamos consciência de que o tempo humano vive sob o medo e, se o vencemos, é pela fé que nos faz seguir adiante, sob o Deus que nos guarda. E se Ele não guardar, em vão vigiam as sentinelas, entre experiências e dúvidas.

E nesta hora, leitores, vemos o encolhimento da cultura e, mais ainda, da beleza. Só contemplamos a estética da morte, a estética da sombra, entre os álamos do sonho.

Manuel Bandeira observa que "a beleza é um conceito". E o conceito por vezes é indefinível dentro da claridade, que até não carece de conceito.

Mas a beleza existe e vai continuar existindo, mesmo que nossos olhos estejam cegos e os ouvidos surdos ao cantar das aves, ou ao soluço da criação, entre esplendor e silêncio. E as máscaras parecem colar-se aos rostos, colam-se aos vultos, colam-se ao mundo que nos cerca.

E li num poeta, que dizem ser do pampa, que se defendia de não ter culpa de ser poeta, como os pássaros de terem asas. E escreveu para a luz que passava:

"És bela como a água pela encosta,/ bela como a água do ar, água de estrelas."

E gravou esses versos na pedra, como última vontade. E o que ele gravou na pedra, há que ser guardado no coração.

A luz pode entender da luz. Mas a água entende a água, quando vai para o fundo do rio.

A difícil piedade

O mundo carece de piedade. E diante da frieza, estupidez ou indiferença, a piedade só se aprende na dor.

Sim, leitores, vi a notícia, com foto, de uma mulher, de oitenta anos, imigrante venezuelana, sendo carregada por outro imigrante, pelas águas do rio Grande, ou rio "Bravo", na divisa entre os Estados Unidos e o México. Buscando acolhimento no território norte-americano, atrás de uma vida melhor.

O corpo da mulher estava quase inerte, mas ainda com vida, vestindo camiseta rosa, calça cinza de moletom, máscara e uma aliança na mão esquerda. Sabe-se que o nome dessa mulher é Irma, mais nada. Da nossa triste e solitária estirpe humana, sem documentos e o repuxo de vagante esperança.

Irma foge de uma crise política e econômica interminável no seu país e esqueceu que deixava parentes, ou deixava a terra natal, esqueceu que era idosa e sem forças, esqueceu que há fronteiras entre nações. E a fronteira tem leis duras, implacáveis, na cumplicidade de pomposos interesses. E não possui piedade alguma.

Pois amor é que falta, amor que seja maior, amor que se organize sem limites no coração humano.

Neste tempo, em que não podemos nos abraçar e que, nas máscaras, só aparecem os olhos, podemos alcançar a luz que não divisamos na solidão da retina, ou, em venturosa vacina, a luz da palavra que não dorme. Mesmo sussurrada.

Decerto, se há comunidades políticas que se acionam na razão militante do poder, como se ainda houvesse raça superior na pele ou na inteligência, ou se no sangue fluísse com outra cor, o amor não tem pátria.

E se criamos alguma pátria, é para todos os homens.

Somos de palavra

Somos de palavra, por sermos de universo. Mas as coisas parecem sonhar sozinhas, sem preocupação das coisas humanas.

A dor de não ser compreendido é maior do que a de não compreender. E escrever, mesmo sobre a dor, tem bocados de alegria. Por estarmos sempre na descoberta.

E nós, como o Sísifo da mitologia, não podemos deixar de transportar, ao topo da montanha, a pedra de nossa condição.

Ou carregar a palavra na luz, até que nos leve para o seu reino.

Porque o sonho não desiste, e inventamos todos os nomes do amor ou solidão, quando apenas Deus sabe o nome de todas as estrelas. E as estrelas conhecerão nosso nome?

Viver é uma esfera dentro de outra, com muita ou pouca água de tempo. Se há água demais, nos afoga e, se escasseia, não se pode nadar.

E a luz sem água não anda. Por que os pés insistem em andar sem luz?

Homero escreveu *Ilíada* e consta que era cego. Pois tinha a cegueira por fora, que vê por dentro.

Somos de palavra e ela é que vê. Por não carecer de olhos, quando ao andar é que vê.

Há coisas que existem, independentemente de as vermos ou conhecermos.

O universo sabe que Homero criou *Ilíada*, porque o universo é palavra. E o que não sabe, nunca será palavra. Mas invento para não chorar.

Arqueologia

Outro dia meditava sobre a arqueologia dos peixes e pássaros e me dei conta de que nada mais é aventuroso como a arqueologia humana. Por começar na infância do mundo, quando as coisas receberam nome, a luz foi feita e, das trevas, houve a separação das águas e da terra.

Depois na infância de cada um, com sua fábula e descoberta, aos poucos, das navegações pelo Cabo das Índias ou das Tordesilhas de viver. O idioma da infância é o mais atávico, suntuoso e longo de nossa terrena existência, a ponto de Rilke bradar, desde as suas elegias, que "a existência toda vai contida na infância".

Eu a imagino como uma floresta mágica, cheia de vozes de ancestrais, avós, pais, amigos, cheia de árvores copiosas e flores com muitas pálpebras e sonhos. E deve haver ali um rio advindo da rocha, com peixes que nos espiam e animais sonolentos que nos adivinham, inocentes.

As ondas de sonhos hão de invadir as águas e nos surpreenderão atrás da folhagem e do vento. Tudo é provisório, por ser eterno. Tudo é novo, por não envelhecer, nem conhecer fastio. A infância conserva ainda o primeiro amor de Deus, não seca no mover das estações ou das chuvas. E nem talvez existam estações, com a erva verde que não se desfaz diante do horizonte. E o horizonte nos visita como a águia no alto do penhasco, contemplando a beleza da criação, com renovada plumagem. E a palavra pousa no coração do homem. E ali descansa para sempre.

A idade da pedra lascada

Estamos, estranhamente, voltando à Idade da Pedra Lascada e ao *Pithecanthropus Erectus*. Mas ao avesso, em robôs e na técnica que supre o trabalho do homem. Desde a burocracia que nos assoma para o cadastramento de emprego ou de alma, o aumento ardoroso dos remédios e supermercados, a fome nos aviões e a alta veloz dos voos, até o fantasma terrífico que é a sala de espera dos bancos, de brutal insensibilidade imposta pelo sistema, com filas imensas de velhos, com evidente desrespeito à Lei que lhes dá prioridade. E, entre eles, aos que possuem mais de oitenta anos. Isso ocorre *de cima para baixo, arbitrariamente, como se o sistema fosse superior ao Código dos Idosos. E a lei não se divide em horas, é obrigatória sempre.*

É triste o espetáculo de vê-los, quotidianamente, em quase multidão aglomerada, *atendida apenas por um funcionário na caixa de entrada.* E dentro, mais guardas do que funcionários. O período que passamos é obscuro, tal se tornássemos para a Caverna, agora mecânica. E o Espírito jamais será mecânico, nem a imaginação.

Mas alcançamos abominável, desastrosa obsessão eletrônica, verdadeira idiotia das máquinas. Recebem, pagam por nós, respiram, choram por nós (elas são piedosas!), "oram por nós", clamam por nós, sofrem por nós, coitadas, movem a república. Quem sabe, futuramente, até os bancos fechem e fique tudo invisível, ou mesmo as máquinas nos defendam ou julguem, ou recorram entre si. Porque o mundo se tornou automático, artificial, cúmplice de interesses econômicos, que se amontoam, tirando proveito dos mais fracos ou idosos ou vulneráveis. É, sim, a Idade da Pedra Lascada. E talvez as máquinas que chegam a pensar por nós, em tamanha "modernidade", com desenhos de bisontes e cegueira da história, possam generosamente morrer por nós.

Analfabetismo

Disse uma idosa antes analfabeta e que está, aos poucos, aprendendo a ler: "Quando descubro uma palavra, meus olhos se abrem."

E quantos olhos se escondem numa só palavra, como as nuvens num céu?

E nós que lemos, desde a infância, ou somos lidos devagar por ela, percebemos que não há olhos suficientes para as cintilantes palavras que nos contemplam.

Todavia, analfabeta a alma que não consegue ver o outro que está perto e que não carece de palavras, mas de coração aceso. Ou analfabeta é a matéria que não se acende.

Sim, analfabeta é a civilização que não alcança no amor, a exatidão do tempo e a plenitude do saber. Ou se afunda em sua sonolência de grandeza, sem piedade.

Observava Franz Kafka que "o espírito só é livre sem suporte" e a liberdade é sem teias ou suporte, a vida é sem teias e suporte. Sabemos o que não precisamos saber, basta ter a fé de que a luz sabe. Ou a luz que a própria fé adivinha.

E se são as palavras que abrem os olhos, também são os olhos que abrem as palavras no casulo da ressurreição.

Somos indefesos em face do desconhecido, se tememos. Mas o desconhecido se torna indefeso diante de nós, se avançamos, crendo.

Porque em verdade, nos alfabetizamos de esperança, cada noite e dia, nos alfabetizamos de amor, até que o amor nos atinja, nos alfabetizamos no escuro, como se da revelação. Quando a humanidade nos devolve a serventia de continuarmos vivos.

O percurso do paraíso

Se estás atravessando o paraíso, não para. Até o paraíso pode ser perigoso. E se Deus nos alcança, então andamos Nele, certeiros, seguros. O que é vivo nunca é sozinho. O que é vivo desorienta a morte.

E a luz, quando demora, queima. Mas será preciso queimar para também guardar claridade. E a claridade não dorme, se tentarem escondê-la.

Não há tomadas na solidão. Então me lembrei de que não há solidão em Deus.

A teologia procura e tateia, apalpa o invisível. Mas tem o nobre sortilégio da busca. Não acha Deus, porque Ele é que nos descobre. Ou nos encontra. Aí somos encantados. Mas para isso é necessário despertar a visão e domar o espaço da luz.

As teorias são importantes e abstratas para revelar a sede. Mas o que é vivo, mais poderoso, foge da inteligência, por ser profético.

Se acaso estás atravessando o paraíso, não pares.

O vinho, mesmo puro, tende a esgotar-se na cantina. Só se há destilação celeste.

Quando é o paraíso que nos atravessa, não temos como parar.

A floresta do sonho

Vivemos num mundo que parece casa queimando. Entre máscaras e cautelas. É um mundo que não mais nos conhece e nem nós reconhecemos. Desde a natureza desequilibrada, o clima desorganizado pela destruição humana, talvez o sol ainda seja o mesmo, ou a lua ou as estrelas. A Terra não. Sim, é uma casa queimando. E o filósofo italiano Giorgio Agambem observa que "tudo o que faço perde sentido se a casa queima". Há um outro lado, também no universo espiritual. Se o ouro ou a prata que estão no fogo se depuram, mas a palha e a madeira somem. Mas precisamos continuar existindo, sobrevivendo, apesar dos percalços.

E me lembrei de que a filosofia e a poesia moram na linguagem e essa casa não é queimável. E conto, leitores, o espetáculo de ver minha cachorra Aicha deitada, à noite, em cima dos travesseiros, como um pássaro no ninho, onde deitava minha cabeça. E ela entrou no meu sono e depois penetrou no mesmo sonho. Caminhamos juntos por uma floresta, de sequoias e árvores pequenas. Havia certa desproporção e fui percebendo, como se numa fábula, que os ramos envelheciam e as raízes estavam jovens. Na medida em que vagávamos, rostos se escondiam atrás dos troncos, como sombras. Tal se andássemos dentro da história humana e a imaginação tentasse desvendar o que se ocultava nas sombras. Éramos descobridores que desejavam governar as próprias descobertas. Mas o mistério se encantava e se trancava em si mesmo como a casca da semente. E vislumbramos um rio que não terminava, que tinha um fulgor de fogo que se alimentava de sua chama. E de repente chegamos em Deus.

Dados sem genealogia

Carlos Nejar, nome literário do dr. Luiz Carlos Verzoni Nejar, nasceu em Porto Alegre. Procurador de Justiça, atualmente aposentado. Radicou-se no Flamengo, Rio de Janeiro. Pertence à Academia Brasileira de Letras, cadeira n. 4, na sucessão de outro gaúcho, Vianna Moog, tendo sido, no ano de 2000, secretário-geral e presidente em exercício. Foi eleito também para a Academia Brasileira de Filosofia, o Pen Clube do Brasil, a Academia Espirito-santense de Letras e a Academia de Letras de Brasília. Recebeu a mais alta condecoração de seu estado natal, "A Comenda Ponche Verde", e, de Minas Gerais, "A Grande Medalha da Inconfidência", em 2010. Recebeu ainda a "Comenda do Mérito Aeronáutico", no Rio. Chega aos oitenta e três anos, graças a seu espírito renascentista, com fama de poeta reconhecido, tendo construído uma obra importante em vários gêneros — tanto no romance quanto no teatro, no conto, na criação infantojuvenil. Publicou, agora em 3ª edição, sua *História da Literatura Brasileira* (Editora Unisul), onde assinala a marca de ensaísta (ora esgotada, com preparo de nova edição). É considerado um dos 37 escritores-chaves do século, entre 300 autores memoráveis, no período compreendido de 1890-1990, segundo ensaio, em livro, do crítico suíço Gustav Siebenmann (*Poesía y poéticas del siglo XX en la América Hispana y el Brasil*, Gredos, Biblioteca Românica Hispânica, Madrid, 1997).

Teve sua *Poesia Reunida* em dois volumes: *A idade da noite* e *A idade da aurora* (Ateliê Editorial de São Paulo e Fundação da Biblioteca Nacional do Rio de Janeiro, 2002). Ao completar setenta anos, publicou a reunião da maior parte de sua poética, com os volumes I. *Amizade do mundo*; II. *A idade da eternidade* (editora Novo Século, São Paulo, 2009). Lançou ainda *Odysseus, o velho*, em 2010. Publicou a coleção Chapéu das Estações, com catorze volumes de sua poesia esgotados, em 2015, pela Editora Unisul. E, em fevereiro de 2019, viu sair seu livro de sonetos dedicados à Urca, *O esconderijo da nuvem*.

Suas antologias foram: De *Sélesis a Danações* (Editora Quíron, São Paulo, 1975), *A genealogia da palavra* (Iluminuras, São Paulo, 1989), *Minha voz se chamava Carlos* (Unidade Editorial — Prefeitura de Porto Alegre, Rio Grande do Sul, 1994), *Os melhores poemas de Carlos Nejar*, com prefácio e seleção de Léo Gilson Ribeiro (Global, São Paulo, 1998, agora em 2ª edição, 2014); *Breve história do mundo* (Antologia, Ediouro, prefácio e seleção de Fabrício Carpinejar, 2003, já esgotado).

Romancista de talento reconhecido pela ousada inventividade, entre suas publicações estão *O túnel perfeito*, *Carta aos loucos*, *Rio-pampa*, ou o *Moinho das tribulações* (Prêmio Machado de Assis, da Fundação da Biblioteca Nacional, em 2000) e *O poço dos milagres* (Prêmio para a melhor prosa poética da Associação Paulista de Artes, de São Paulo, 2005); *Evangelho segundo o vento*. É autor de *Teatro em versos* (Miguel Pampa, Fausto, Joana das Vozes, As Parcas, Favo branco — Vozes do Brasil, O pai das coisas, Auto do Juízo Final, ou Deus não é uma andorinha, Funarte, Rio de Janeiro, 1998). Recebeu, recentemente, o prêmio do melhor romance de 2022, com *A tribo dos sete relâmpagos*, da UBE, Rio de Janeiro, Prêmio Lygia Fagundes Teles.

Saiu também em 2011, pela editora Leya, a 3ª edição de seus *Viventes* (trabalho de mais de trinta anos, espécie de "Comédia humana em miniatura"), atualmente esgotado, estando em preparo a 4ª edição. Publicou, em 2012, *Contos inefáveis* e o romance *A negra labareda da alegria* (2013), pela editora Nova Alexandria, de

São Paulo; *A vida secreta dos gabirus*, Record, 2014; *Matusalém de Flores*, São Paulo, Boitempo, 2014. E o poema único, *A vida de um rio morto (Monumento ao rio Doce)*, pela Ibis Libris, Rio, no mesmo ano. O escritor gaúcho, traduzido em várias línguas, tem sido estudado nas universidades do Brasil e do Exterior com vários livros sobre a sua obra. Em 2019 publicou *Os invisíveis (tragédias brasileiras)*, pela Editora Bertrand. Nejar é apenas procurador de almas, poemas e viventes.

Este livro foi composto na tipografia
Minion Pro, em corpo 12/16,5, e impresso em
papel off-white no Sistema Digital Instant Duplex
da Divisão Gráfica da Distribuidora Record.